I0436417

Un Guide Rapide:

Le Shorting

Vente à Découvert

DAMIEN SOITOUT

DEDICACE

À chacun de ceux qui sont assez passionnés pour tout risquer afin d'améliorer leur vie, élever leurs normes et être la personne qui brise le cycle de normalité.

CONTENU

REMERCIEMENTS

À mes filles Dayna, Angela et Chayli, que ce livre soit un témoignage du travail auquel je ne cesse de m'atteler dans le seul but de vous offrir toujours la vie que vous méritez.

Et à toutes ces merveilleuses personnes qui croient en moi; à mon amour, Valeriia, qui m'a inspiré à écrire ces pages en raison de sa curiosité légendaire qui ne cesse de m'inspirer. Une question de ta part met en mouvement des forces que je ne soupçonnais pas en moi. Merci.

INTRODUCTION

La vente à découvert, ou shorting, une stratégie souvent considérée comme l'antithèse de l'investissement conventionnel, implique un processus distinctif qui nécessite une compréhension aigüe des dynamiques du marché. Décortiquons les subtilités de fonctionnement de la vente à découvert et la danse stratégique que les investisseurs entreprennent dans cette manœuvre financière.

Au cœur de la vente à découvert, un investisseur commence par identifier un actif, souvent des actions, qu'il estime surévalué ou encline à une baisse de prix. Le processus démarre avec l'emprunt de l'actif choisi à un courtier, dans le but de le restituer ultérieurement. Cet actif emprunté est ensuite immédiatement vendu sur le marché ouvert.

L'élément critique de la vente à découvert réside dans l'anticipation d'une baisse ultérieure du prix de l'actif emprunté. L'investisseur, ayant vendu l'actif à son prix actuel, potentiellement gonflé, attend maintenant le moment propice pour racheter le même actif. L'objectif ultime est de le racheter à un prix inférieur à celui auquel il a été initialement vendu, réalisant ainsi un profit.

PARTIE 1

QU'EST-CE QUE LA VENTE À DÉCOUVERT ?

Dans le monde dynamique de la finance, la vente à découvert, souvent appelée "shorting", est une stratégie permettant aux investisseurs de tirer profit de la baisse de la valeur d'un actif. Bien qu'elle puisse être un outil précieux pour la gestion de portefeuille, comprendre les risques associés à la vente à découvert est crucial pour tout investisseur évoluant dans le terrain complexe des marchés financiers.

La vente à découvert, une stratégie financière souvent enveloppée de mystère, est une pratique qui implique une danse unique avec les dynamiques du marché. À sa base, la vente à découvert peut être définie comme l'acte stratégique de vendre des actifs empruntés en anticipant une baisse de leur valeur sur le marché. L'objectif est clair : racheter ces actifs plus tard à un prix inférieur, générant ainsi un profit pour l'investisseur.

Voici une clarification des composantes clés encapsulées dans la définition de la vente à découvert :

1. Vente d'Actifs Empruntés

La vente à découvert commence par l'emprunt d'une quantité spécifique d'actifs à un courtier ou à un autre participant du marché. Ces actifs peuvent prendre différentes formes, mais les actions sont un choix courant. L'emprunt est généralement facilité par l'intermédiaire d'un compte sur marge, où l'investisseur fournit une garantie pour sécuriser le prêt.

2. Anticipation d'une Baisse de Valeur

La croyance fondamentale dans la vente à découvert est l'attente que la valeur des actifs empruntés diminuera sur une période spécifique. Cette anticipation repose sur l'analyse des conditions du marché, des fondamentaux de l'entreprise et d'autres facteurs pertinents qui pourraient influencer négativement le prix de l'actif.

3. Rachat à un Prix Inférieur

Après avoir vendu les actifs empruntés sur le marché ouvert, le vendeur à découvert attend patiemment le moment opportun. L'objectif est de racheter la même quantité d'actifs ultérieurement lorsque leur valeur sur le marché a diminué. En rachetant à un prix inférieur au prix de vente initial, le vendeur à découvert vise à capitaliser sur la différence de prix.

4. Génération de Profit

L'objectif ultime de la vente à découvert est la génération de profit. Le profit est réalisé lorsque le vendeur à découvert vend les actifs empruntés à un prix plus élevé que le prix auquel il les rachète. Cette différence, tenant compte des coûts de transaction et autres frais, représente le gain net pour l'investisseur.

5. Nature Inversée des Gains/Pertes

Contrairement à l'investissement traditionnel, où les profits sont générés en achetant bas et en vendant haut, la vente à découvert fonctionne de manière inverse. Les profits sont générés en vendant haut et en achetant bas. Cette inversion ajoute une couche de complexité et nécessite un ensemble distinct de compétences analytiques et de conscience du marché.

6. Équilibre Délicat entre Risque et Récompense

La vente à découvert est une entreprise à haut risque, et son succès dépend de l'équilibre délicat entre risque et récompense. Le potentiel de pertes illimitées amplifie le risque, soulignant la nécessité d'une réflexion minutieuse, d'une synchronisation stratégique et d'une surveillance continue des conditions du marché.

En résumé, la vente à découvert est une manœuvre financière stratégique où les investisseurs utilisent des actifs empruntés avec l'anticipation d'une baisse de prix. Cette approche unique des marchés ajoute du dynamisme aux stratégies d'investissement, mais exige une compréhension nuancée des facteurs de risque et une capacité perspicace à naviguer dans les complexités des mouvements du marché. C'est une pratique qui, abordée avec diligence et une compréhension approfondie des dynamiques du marché, peut fournir aux investisseurs un outil distinctif dans leur boîte à outils financière.

Importance de Comprendre la Vente à Découvert

Dans le monde toujours changeant des marchés financiers, où règnent dynamisme et complexité, les investisseurs se retrouvent à naviguer à travers une myriade de stratégies pour protéger et améliorer leurs portefeuilles. Parmi ces stratégies, la compréhension de la vente à découvert émerge comme une compétence cruciale, offrant aux investisseurs une perspective nuancée et la capacité de prendre des décisions éclairées. Explorons la signification de comprendre les mécanismes de la vente à découvert dans l'environnement financier actuel :

1. Diversification des Stratégies d'Investissement
La compréhension de la vente à découvert ajoute une dimension précieuse à la boîte à outils de l'investisseur, permettant une diversification au-delà des stratégies traditionnelles de long seulement. En incorporant des techniques de vente à découvert, les investisseurs gagnent la flexibilité de tirer profit non seulement des hausses de marché, mais aussi des baisses. Cette diversification renforce la résilience des portefeuilles face aux conditions fluctuantes du marché.

2. Atténuation des Risques et Protection du Portefeuille
La vente à découvert sert d'outil d'atténuation des risques. En période d'incertitude sur les marchés ou de tendances baissières, la capacité à tirer profit de la baisse des prix des actifs agit comme une couverture, offrant un contrepoids aux pertes potentielles sur les positions longues. Les

investisseurs qui comprennent la vente à découvert peuvent déployer stratégiquement cette technique pour protéger leurs portefeuilles contre des baisses significatives.

3. Sensibilisation Accrue au Marché

Comprendre les mécanismes de la vente à découvert cultive une sensibilisation accrue aux dynamiques du marché. Les investisseurs deviennent sensibles non seulement aux facteurs influençant la valeur des actifs à la hausse, mais aussi à ceux contribuant à des baisses potentielles. Cette compréhension globale donne aux investisseurs le pouvoir de prendre des décisions proactives basées sur une vision holistique des conditions du marché.

4. Prise de Décisions Éclairées

À mesure que les marchés financiers continuent d'évoluer, la capacité à prendre des décisions éclairées devient primordiale. Les investisseurs qui comprennent la vente à découvert peuvent naviguer dans les complexités des scénarios de marché à la hausse et à la baisse. Cette connaissance leur permet d'entrer et de sortir de positions de manière stratégique, optimisant leurs décisions d'investissement pour une efficacité maximale.

5. Adaptabilité aux Tendances du Marché

La compétence en vente à découvert favorise l'adaptabilité aux tendances changeantes du marché. Les investisseurs peuvent ajuster leurs stratégies en fonction des indicateurs économiques en évolution, des développements géopolitiques et des facteurs spécifiques à l'industrie. Cette adaptabilité garantit que les investisseurs ne dépendent pas uniquement des approches d'investissement traditionnelles, mais peuvent ajuster leurs positions pour tirer parti des opportunités émergentes ou atténuer les risques.

6. Évaluation Nuancée des Risques et des Récompenses

La compréhension de la vente à découvert facilite une évaluation nuancée des risques et des récompenses. Les investisseurs peuvent évaluer les risques potentiels associés à la vente à découvert, tels que les pertes illimitées, et les peser par rapport aux récompenses potentielles. Cette approche consciente des risques guide les investisseurs dans la prise de décisions équilibrées alignées sur leur tolérance au risque et leurs objectifs financiers globaux.

7. Prévention de la Surévaluation et des Bulles

La vente à découvert joue un rôle crucial dans la prévention de la surévaluation du marché et de la formation de bulles d'actifs. Les investisseurs compétents en vente à découvert peuvent agir comme un contrepoids contre l'enthousiasme irrationnel, contribuant à l'efficacité du marché. Cette compréhension favorise un écosystème financier plus sain et plus durable.

L'importance de comprendre la vente à découvert va au-delà de son rôle en tant que stratégie ; elle devient un outil permettant aux investisseurs de naviguer dans les complexités des marchés financiers modernes. À mesure que les marchés continuent d'évoluer, ceux qui possèdent la connaissance des mécanismes de la vente à découvert sont mieux positionnés pour s'adapter, atténuer les risques et prendre des décisions éclairées contribuant au succès à long terme de leurs portefeuilles d'investissement.

PARTIE 2

MÉCANIQUES DU SHORTING

La vente à découvert fonctionne comme une manœuvre financière impliquant une série distincte d'étapes, créant une danse stratégique avec les dynamiques du marché. Ce mécanisme offre aux investisseurs l'opportunité de tirer profit de la baisse des prix des actifs. Plongeons dans les complexités de la vente à découvert :

Comment commencer à vendre à découvert ?

1. Identification de l'actif

Le voyage dans la vente à découvert commence par l'investisseur identifiant un actif spécifique, souvent des actions, qu'il estime surévalué ou enclin à une baisse de prix. Cette sélection est basée sur une recherche approfondie, une analyse du marché et une conviction que la valeur de l'actif est susceptible de diminuer dans un proche avenir.

2. Emprunt de l'actif

Une fois l'actif cible identifié, l'investisseur approche un courtier pour emprunter une quantité prédéterminée de l'actif choisi. Ce processus d'emprunt est facilité par un compte sur marge, où l'investisseur fournit une garantie pour sécuriser le prêt. Les actifs empruntés sont ensuite rapidement transférés sur le compte de l'investisseur.

3. Vente sur le marché ouvert

Avec les actifs empruntés en main, l'investisseur entre sur le marché dans l'intention de les vendre. Cette action de vente crée une position courte, plaçant efficacement un pari sur le fait que le prix de l'actif diminuera. Les actifs sont vendus à leur valeur marchande actuelle, et le produit de cette vente est détenu par l'investisseur.

4. Anticipation d'une baisse des prix

La croyance fondamentale dans la vente à découvert réside dans l'anticipation que le prix des actifs vendus diminuera. Cette anticipation est la force motrice derrière l'ensemble de la stratégie de vente à découvert. Les investisseurs s'appuient sur leur analyse des tendances du marché, des performances de l'entreprise et d'autres facteurs pertinents pour faire des prédictions éclairées sur la valeur future de l'actif.

5. Attente du moment optimal

La patience devient une vertu cruciale dans la vente à découvert. L'investisseur surveille les conditions du marché, les indicateurs économiques et tout facteur influençant la valeur de l'actif. L'objectif est d'identifier le moment optimal pour racheter les actifs empruntés à un prix plus bas. Le timing est primordial pour maximiser les profits potentiels.

6. Rachat à un prix inférieur

Lorsque la baisse anticipée du prix de l'actif se produit, l'investisseur entre à nouveau sur le marché, cette fois pour racheter la même quantité d'actifs qui ont été initialement empruntés et vendus. Les actifs sont rachetés au prix actuel du marché, plus bas.

7. Retour de l'actif emprunté

Avec les actifs rachetés en main, l'investisseur les retourne au courtier, concluant la transaction de vente à découvert. Le retour des actifs empruntés clôture la position courte. Le profit ou la perte est calculé sur la base de la différence entre le prix de vente et le prix de rachat, en tenant compte des coûts de transaction et des frais.

En essence, le mécanisme de vente à découvert implique une interaction stratégique d'emprunt, de vente et de rachat d'actifs dans le but de tirer profit de leur baisse de valeur marchande. Cette approche dynamique des marchés exige une compréhension sophistiquée des tendances du marché, un timing méticuleux et une stratégie disciplinée pour naviguer avec succès dans les complexités de la vente à découvert.

Parties impliquées

Comprendre les complexités de la vente à découvert nécessite un examen approfondi des principales parties impliquées dans cette stratégie financière. Le processus de vente à découvert comprend le prêteur, l'emprunteur et les participants au marché, chacun jouant un rôle distinct contribuant à la dynamique globale.

1. Le prêteur

Le prêteur dans une transaction de vente à découvert est généralement une entité possédant les actifs vendus à découvert. Il peut s'agir d'un investisseur individuel, d'un investisseur institutionnel ou même d'une société de courtage agissant au nom de ses clients. Le prêteur joue un rôle crucial en prêtant les titres à l'emprunteur pour une période spécifiée. En retour, le prêteur reçoit souvent des frais, augmentant les revenus générés par son portefeuille d'investissements.

2. L'emprunteur

L'emprunteur, souvent un investisseur institutionnel ou un fonds spéculatif, est la partie cherchant à tirer profit de la baisse anticipée de la valeur des actifs empruntés. Pour s'engager dans la vente à découvert, l'emprunteur emprunte les titres au prêteur, avec l'obligation de les restituer à une date ultérieure. L'emprunteur vise à vendre ces actifs empruntés sur le marché ouvert au prix actuel du marché, en anticipant que leur valeur diminuera. Une fois que le prix baisse, l'emprunteur rachète les actifs à un coût inférieur, les restituant au prêteur et empochant la différence comme profit.

3. Participants au marché

Outre le prêteur et l'emprunteur, divers participants au marché sont impliqués dans le processus de vente à découvert. Ces participants comprennent d'autres investisseurs, traders et market makers qui s'engagent dans l'achat et la vente des titres empruntés. Leurs actions influent sur la dynamique de l'offre et de la demande sur le marché, contribuant aux mouvements de prix globaux de l'actif vendu à découvert.

4. Chambres de compensation et courtiers

Les chambres de compensation et les courtiers jouent un rôle crucial dans la facilitation et la garantie de l'exécution fluide des transactions de vente à découvert. Ils agissent en tant qu'intermédiaires, gérant l'échange de titres entre le prêteur et l'emprunteur, s'occupant de la garantie et veillant à ce que la transaction respecte les exigences réglementaires. Les courtiers, quant à eux, aident les emprunteurs à trouver des titres disponibles à emprunter et à exécuter les transactions nécessaires.

5. Autorités de régulation

Les autorités de régulation, telles que la Securities and Exchange Commission (SEC) aux États-Unis, supervisent et réglementent les activités de vente à découvert. Elles établissent des règles et des lignes directrices pour assurer des marchés équitables et transparents, évitant des pratiques telles que la manipulation du marché ou l'abus de la stratégie de vente à découvert.

Comprendre les rôles de ces principales parties est crucial pour les investisseurs et les participants au marché cherchant à naviguer dans les complexités de la vente à découvert. La collaboration et les interactions entre le prêteur, l'emprunteur et d'autres participants au marché créent un environnement dynamique qui exige une réflexion attentive et le respect des cadres réglementaires pour l'exécution réussie des stratégies de vente à découvert.

Composants clés de la vente à découvert

Pour comprendre la dynamique opérationnelle de la vente à découvert, il est crucial de plonger dans les composants clés qui forment la base de cette stratégie financière complexe. Ces composants englobent divers éléments, notamment les comptes sur marge et les garanties, qui jouent des rôles cruciaux dans la facilitation et la régulation des transactions de vente à découvert.

1. Comptes sur Marge

Les comptes sur marge sont fondamentaux pour la vente à découvert, permettant aux investisseurs d'emprunter des fonds pour financer leurs positions courtes. Lorsqu'un investisseur se lance dans la vente à découvert, il ouvre généralement un compte sur marge auprès de son courtier. Ce compte lui permet d'emprunter de l'argent contre la valeur de ses titres existants, fournissant le capital nécessaire pour initier la vente à découvert. Cependant, il est important de noter que le trading sur marge comporte des risques supplémentaires, car les pertes peuvent dépasser l'investissement initial.

2. Garantie

La garantie sert de sécurité pour le prêteur dans une transaction de vente à découvert. Lorsqu'un emprunteur vend à découvert une action, il emprunte essentiellement des actions au prêteur avec la promesse de les restituer ultérieurement. Pour garantir cet accord, l'emprunteur est souvent tenu de fournir une garantie, qui peut se présenter sous la forme de liquidités, d'autres titres, ou même d'une partie des revenus générés par la vente à découvert. La garantie agit comme une protection pour le prêteur, atténuant le risque associé à l'obligation de l'emprunteur de restituer les titres empruntés.

3. Coûts d'emprunt

Les coûts d'emprunt sont un autre élément clé de la vente à découvert. Étant donné que l'emprunteur loue essentiellement les titres, il supporte souvent des frais pour les emprunter au prêteur. Ces frais, appelés "taux d'intérêt court" ou "taux d'emprunt", sont déterminés par l'offre et la demande sur le marché pour les titres spécifiques empruntés. Une forte demande pour une action particulière peut entraîner des coûts d'emprunt plus élevés.

4. Gestion des Risques

La gestion efficace des risques est cruciale dans la vente à découvert. Étant donné que les pertes potentielles dans la vente à découvert sont théoriquement illimitées (car le prix de l'actif peut augmenter indéfiniment), les investisseurs doivent mettre en place des stratégies d'atténuation des risques. Cela peut impliquer la fixation d'ordres stop-loss pour fermer automatiquement la position courte si le prix de l'actif évolue contre eux au-delà d'un certain point, limitant ainsi les pertes potentielles.

5. Liquidité du Marché

La liquidité du marché est une considération significative dans la vente à découvert. Les marchés très liquides facilitent le processus d'entrée et de sortie des positions courtes, réduisant le risque de manipulation des prix. En revanche, les marchés illiquides peuvent poser des défis, rendant plus difficile l'exécution des transactions aux prix souhaités.

6. Conformité Réglementaire

Le respect des exigences réglementaires est un pilier de la vente à découvert. Les organismes de réglementation, tels que la SEC, ont établi des règles pour assurer des marchés équitables et transparents. Les investisseurs s'engageant dans la vente à découvert doivent se conformer à ces réglementations pour éviter la manipulation du marché, maintenir l'intégrité du marché et protéger toutes les parties prenantes impliquées.

Explorer ces composants clés offre des perspectives précieuses sur les complexités opérationnelles de la vente à découvert. Les comptes sur marge, les garanties, les coûts d'emprunt, la gestion des risques, la liquidité du marché et la conformité réglementaire façonnent collectivement le monde dans lequel se déroulent les transactions de vente à découvert. Les investisseurs naviguant dans le monde de la vente à découvert doivent manœuvrer judicieusement avec ces composants pour atténuer les risques et optimiser leurs stratégies d'investissement.

PARTIE 3

RISQUES LIÉS À LA VENTE À DÉCOUVERT

S'engager dans la vente à découvert expose les investisseurs à un ensemble de défis, et au premier plan de ces défis se trouve le risque inhérent au marché. Les dynamiques du marché jouent un rôle essentiel dans la détermination du succès ou de l'échec des stratégies de vente à découvert, rendant impératif pour les investisseurs de naviguer avec prudence et acuité stratégique face à ces risques.

1. Impact de la Volatilité

Les marchés sont intrinsèquement volatils, et les vendeurs à découvert sont exposés à la nature imprévisible des mouvements de prix. Contrairement aux positions longues traditionnelles où les pertes sont plafonnées à l'investissement initial, la vente à découvert offre la possibilité de pertes potentiellement illimitées. Des fluctuations de prix soudaines et significatives peuvent entraîner des pertes substantielles pour les vendeurs à découvert, surtout si le marché évolue contre leur direction anticipée.

2. Sentiment du Marché

Le succès de la vente à découvert est étroitement lié au sentiment du marché.

Si un sentiment négatif prévaut, les vendeurs à découvert peuvent trouver des conditions favorables pour tirer profit de la baisse des prix des actifs. Cependant, des changements de sentiment, motivés par des événements imprévus ou des conditions économiques changeantes, peuvent rapidement changer la donne contre les positions courtes. Reconnaître et interpréter le sentiment du marché constitue un défi continu pour ceux engagés dans la vente à découvert.

3. Défis de Timing

L'adage "le timing est tout" est particulièrement vrai pour la vente à découvert. Les investisseurs doivent prédire avec précision quand le prix d'un actif particulier diminuera. Une mauvaise synchronisation du marché peut entraîner des pertes importantes, car les positions courtes peuvent rester ouvertes pendant une période prolongée, accumulant des pertes jusqu'à ce que la baisse de prix anticipée se produise. Ce défi de timing ajoute de la complexité aux stratégies de vente à découvert.

4. Préoccupations de Liquidité

La liquidité, ou la facilité avec laquelle un actif peut être acheté ou vendu sans affecter son prix, est un facteur critique dans la vente à découvert. Les marchés illiquides peuvent amplifier les mouvements de prix et rendre difficile l'exécution de transactions aux prix souhaités pour les vendeurs à découvert. De plus, une faible liquidité peut entraîner des coûts d'emprunt plus élevés, impactant la faisabilité globale de la vente à découvert.

5. Événements Imprévus

Les vendeurs à découvert sont vulnérables aux événements inattendus qui peuvent rapidement modifier les dynamiques du marché. Des chocs économiques, des événements géopolitiques ou des changements soudains dans les fondamentaux d'une entreprise peuvent déclencher des mouvements de prix imprévus, prenant les vendeurs à découvert au dépourvu. S'adapter et gérer ces événements imprévus demande un niveau d'agilité et de résilience dans les stratégies de vente à découvert.

6. Changements Réglementaires

Les cadres réglementaires régissant les marchés financiers sont sujets à des changements. Les modifications des règles liées à la vente à découvert peuvent influencer la faisabilité et la légalité des stratégies établies. Les vendeurs à découvert doivent rester informés des évolutions réglementaires et adapter leurs approches pour se conformer aux régulations du marché en évolution.

7. Étranglement des Ventes à Découvert

Les étranglements des ventes à découvert se produisent lorsqu'une action fortement vendue à découvert connaît une augmentation rapide de son prix, forçant les vendeurs à découvert à racheter les actions. Cette intensification de l'activité d'achat peut amplifier les pics de prix, entraînant des pertes substantielles pour les vendeurs à découvert qui sont contraints de sortir de leurs positions à des prix plus élevés.

Naviguer dans le risque de marché dans la vente à découvert exige une compréhension approfondie des marchés financiers, une sensibilisation aux facteurs économiques mondiaux et la capacité de s'adapter rapidement aux conditions changeantes. Alors que les récompenses potentielles d'une vente à découvert réussie peuvent être significatives, les risques de marché associés soulignent l'importance d'une approche bien étudiée, stratégique et disciplinée pour les investisseurs s'aventurant dans ce terrain complexe.

Pertes Potentiellement Illimitées

Dans le domaine de la vente à découvert, un risque inhérent se distingue nettement des investissements traditionnels : la perspective de pertes potentiellement illimitées. Contrairement aux risques structurés et plafonnés associés aux stratégies d'investissement classiques, la vente à découvert présente un défi unique où les pertes peuvent théoriquement s'étendre indéfiniment. Reconnaître et atténuer ce risque est primordial, nécessitant des pratiques méticuleuses de gestion des risques pour les investisseurs se lançant dans le monde de la vente à découvert.

1. Nature des Pertes Potentiellement Illimitées

La vente à découvert implique d'emprunter des actifs en espérant que leur valeur diminuera. Cependant, si le marché évolue contre le vendeur à découvert, le potentiel de pertes n'est pas plafonné. Contrairement à l'achat d'une action où la perte maximale est l'investissement initial, la vente à découvert expose les investisseurs à une situation où le prix de l'actif peut augmenter indéfiniment, entraînant des pertes en constante augmentation.

2. Amplification des Risques

La nature des pertes potentiellement illimitées dans la vente à découvert est amplifiée par le concept de levier. Les investisseurs utilisent souvent des fonds empruntés (marge) pour s'engager dans la vente à découvert, augmentant la taille de leur position. Bien que le levier puisse amplifier les profits, il intensifie également les pertes. Si le marché évolue contrairement aux attentes du vendeur à découvert, les fonds empruntés contribuent à la croissance exponentielle des pertes potentielles.

3. Inversions de Marché

La vente à découvert repose sur des prédictions précises des mouvements du marché. En cas d'inversion de marché soudaine et inattendue, les vendeurs à découvert peuvent se retrouver dans une position précaire. À mesure que les prix augmentent, les pertes pour les vendeurs à découvert s'accumulent, et l'absence de limite supérieure amplifie l'impact financier.

4. Risque de Timing

Le timing est essentiel dans la vente à découvert, et une mauvaise synchronisation du marché peut entraîner des pertes substantielles. Plus une position courte reste ouverte longtemps, plus l'exposition aux pertes potentielles illimitées est grande. Même une augmentation temporaire du prix de l'actif peut entraîner des revers financiers importants pour le vendeur à découvert.

5. Impératif de la Gestion des Risques

Étant donné le potentiel de pertes potentiellement illimitées, une gestion efficace des risques devient non négociable pour ceux qui s'engagent dans la vente à découvert. Établir des ordres stop-loss clairs, déclenchant automatiquement la fermeture d'une position courte si les pertes atteignent un seuil prédéterminé, est une stratégie fondamentale d'atténuation des risques. Ces ordres servent de mécanismes de protection, limitant l'exposition aux conséquences financières catastrophiques.

6. Surveillance Continue

Les vendeurs à découvert doivent surveiller constamment les conditions du marché, les fondamentaux des entreprises et les tendances économiques plus larges. Une évaluation continue aide à identifier les risques potentiels et incite à des ajustements opportuns des positions courtes. Rester attentif aux dynamiques changeantes du marché est essentiel pour éviter une exposition prolongée au risque de pertes potentiellement illimitées.

7. Diversification comme Garantie

La diversification à travers différents actifs et marchés peut agir comme une garantie contre le risque de pertes potentiellement illimitées. Répartir les activités de vente à découvert sur un portefeuille bien diversifié aide à atténuer l'impact des mouvements de prix défavorables dans un actif unique.

Le risque de pertes potentiellement illimitées dans la vente à découvert souligne la nécessité de pratiques disciplinées de gestion des risques. Les investisseurs doivent aborder la vente à découvert avec une compréhension approfondie des risques associés, mettre en œuvre des stratégies efficaces d'atténuation des risques et rester adaptables en réponse aux conditions du marché changeantes. Bien que les récompenses potentielles puissent être séduisantes, reconnaître et faire face au défi des pertes potentiellement illimitées est essentiel pour des stratégies de vente à découvert responsables et informées.

Risques liés au Timing

Dans la danse complexe de la vente à découvert, l'élément de la synchronisation revêt une importance capitale. Naviguer avec succès dans les vagues des mouvements de marché exige un sens aigu du timing. Une mauvaise évaluation de ces mouvements peut rapidement se traduire par des revers financiers substantiels pour ceux qui s'adonnent à la vente à découvert, soulignant la nature critique de la maîtrise des nuances temporelles au sein de cette stratégie d'investissement.

1. Sensibilité aux Tendances du Marché

La vente à découvert est intrinsèquement sensible aux tendances du marché, et le timing est le pivot qui détermine le succès ou l'échec. L'objectif est d'initier des positions courtes lorsque la baisse des prix des actifs est imminente. Cependant, les marchés sont dynamiques, influencés par une myriade de facteurs, et prédire le moment précis où une baisse de prix se produira représente un défi complexe.

2. Complexité du Timing de Marché

La complexité du timing de marché est exacerbée par la nature imprévisible des marchés financiers. Les indicateurs économiques, les événements géopolitiques et les développements imprévus peuvent modifier rapidement les dynamiques du marché. Les vendeurs à découvert doivent naviguer dans ces incertitudes, cherchant à chronométrer leurs entrées et sorties avec précision pour maximiser les profits et minimiser les pertes.

3. Timing à Court Terme vs à Long Terme

La vente à découvert introduit le défi de distinguer entre les mouvements de marché à court terme et à long terme. Une mauvaise évaluation de la durée d'une tendance à la baisse peut conduire à des sorties prématurées ou à des entrées tardives, les deux pouvant entraîner des revers financiers. L'équilibre délicat entre les fluctuations à court terme et les tendances générales du marché nécessite une compréhension nuancée du comportement du marché.

4. Impact du Sentiment du Marché

Le sentiment du marché joue un rôle significatif dans les risques liés au timing. Les changements dans le sentiment des investisseurs peuvent déclencher des changements abrupts dans les directions du marché. Les vendeurs à découvert doivent évaluer et interpréter le sentiment avec précision, anticipant des changements potentiels qui peuvent influencer le timing de leurs positions courtes.

5. Influence de Facteurs Externes

Les facteurs externes tels que les publications de données économiques, les événements géopolitiques ou les développements corporatifs peuvent exercer des effets soudains et profonds sur les dynamiques du marché. Les vendeurs à découvert doivent rester vigilants, tenant compte de ces facteurs externes dans leurs stratégies de timing pour éviter d'être pris au dépourvu par des événements inattendus.

6. Atténuation des Risques par la Recherche

Une recherche approfondie et une analyse agissent comme des outils puissants pour atténuer les risques liés au timing. La réalisation d'une analyse fondamentale et technique complète permet aux vendeurs à découvert de faire des prédictions éclairées sur les mouvements du marché. Plus la stratégie de timing est informée, mieux l'investisseur est positionné pour naviguer dans les complexités de la vente à découvert.

7. Surveillance Continue

Étant donné la nature fluide des marchés financiers, les vendeurs à découvert doivent s'engager dans une surveillance continue. Réévaluer régulièrement les conditions du marché et ajuster les stratégies de timing en réponse aux variables changeantes est essentiel pour minimiser les risques de timing. Cette approche proactive permet une prise de décision agile et réduit la probabilité d'une exposition prolongée à des mouvements de marché défavorables.

Le défi du timing dans la vente à découvert exige une combinaison de compétences, de recherche et d'adaptabilité. Les investisseurs doivent reconnaître les subtilités du comportement du marché, rester attentifs aux conditions évolutives et affiner continuellement leurs stratégies de timing. Bien que maîtriser le timing dans la vente à découvert soit indéniablement une tâche redoutable, les récompenses potentielles pour ceux qui naviguent avec finesse à travers ces risques peuvent être substantielles.

Risques Réglementaires

Au milieu des complexités de la vente à découvert, les investisseurs font face à une catégorie distincte de risques découlant du cadre réglementaire. Naviguer dans le cadre réglementaire n'est pas simplement un exercice de conformité ; c'est un aspect critique de la gestion des risques inhérents à la vente à découvert. Les changements dans les règles et réglementations peuvent avoir un impact significatif sur la faisabilité et la légalité des stratégies de vente à découvert, obligeant les investisseurs à rester vigilants et à s'adapter aux environnements réglementaires en évolution.

1. Environnement Réglementaire Dynamique

Les cadres réglementaires régissant les marchés financiers sont dynamiques et sujets à des révisions fréquentes. Les vendeurs à découvert doivent rester attentifs aux changements dans les règles et réglementations imposées par des organismes de réglementation tels que la Securities and Exchange Commission (SEC) aux États-Unis ou des autorités équivalentes dans d'autres juridictions. Ces changements peuvent aller de modifications des exigences en matière de déclaration à des changements plus substantiels dans la perméabilité et les restrictions des activités de vente à découvert.

2. Impact sur la Faisabilité

Les changements réglementaires ont le potentiel de modifier la faisabilité de certaines stratégies de vente à découvert. De nouvelles restrictions ou limitations imposées par les régulateurs peuvent restreindre la capacité des investisseurs à participer à certains types de vente à découvert ou introduire des exigences supplémentaires, affectant le coût et les aspects opérationnels de la mise en œuvre des positions courtes.

3. Conformité Légale

Le respect des exigences réglementaires est primordial pour les vendeurs à découvert. Le non-respect des règles établies peut entraîner des conséquences légales, y compris des amendes et des pénalités. Les investisseurs doivent se tenir informés du cadre légal dans lequel ils opèrent, veillant à ce que leurs activités de vente à découvert soient conformes aux réglementations en vigueur pour atténuer les risques légaux.

4. Obligations de Déclaration

Les organismes de régulation imposent souvent des obligations de déclaration aux vendeurs à découvert. Cela inclut la divulgation des positions courtes et d'autres informations pertinentes aux autorités de marché. Les changements dans les exigences de déclaration peuvent avoir un impact sur la transparence et les pratiques de divulgation des vendeurs à découvert, influençant les perceptions des participants au marché et affectant potentiellement le succès des stratégies de vente à découvert.

5. Variations Réglementaires Mondiales

Les activités de vente à découvert peuvent s'étendre à travers les marchés mondiaux, chacun étant régi par son propre cadre réglementaire. Les investisseurs engagés dans la vente à découvert transfrontalière doivent faire face aux variations réglementaires, nécessitant une compréhension nuancée des règles diverses et des normes de conformité dans chaque juridiction. Harmoniser les stratégies de vente à découvert avec les exigences réglementaires mondiales devient impératif dans de telles situations.

6. Perception Publique et Surveillance Réglementaire

La vente à découvert a parfois fait l'objet d'un examen minutieux de la part des organismes de réglementation et de l'opinion publique. Les changements réglementaires influencés par le sentiment public peuvent avoir un impact sur la perméabilité et les conditions de la vente à découvert. Les investisseurs doivent naviguer non seulement selon la lettre de la loi, mais aussi selon le sentiment plus large et le climat politique entourant les activités de vente à découvert.

7. Mesures Proactives de Conformité

Atténuer les risques réglementaires exige une approche proactive de la conformité. Les investisseurs devraient mettre en place des contrôles internes robustes et des mesures de conformité, veillant à ce que leurs activités de vente à découvert soient conformes aux réglementations en vigueur. Des révisions régulières et des mises à jour des protocoles de conformité sont cruciales dans un monde où les changements réglementaires peuvent survenir avec une certaine fréquence.

Les risques réglementaires dans la vente à découvert soulignent l'importance de la vigilance, de l'adaptabilité et d'une conscience aiguë du monde juridique. Les investisseurs doivent surveiller et se conformer proactivement aux changements réglementaires, reconnaissant que la gestion efficace des risques s'étend au-delà des dynamiques du marché pour inclure l'environnement réglementaire en évolution. En restant informés et réactifs, les investisseurs peuvent naviguer dans les défis posés par les risques réglementaires dans le domaine de la vente à découvert.

PARTIE 4

AVANTAGES ET CONTROVERSES

Protection contre les baisses du marché

Dans le monde dynamique des marchés financiers, où les incertitudes et les retournements sont inévitables, la vente à découvert émerge comme un outil stratégique, offrant un avantage unique en tant que couverture contre les retournements du marché. Alors que les investissements traditionnels peuvent fléchir pendant des conditions de marché adverses, la vente à découvert offre aux investisseurs un mécanisme pour potentiellement compenser les pertes et même réaliser des profits au milieu de climats économiques difficiles.

1. Potentiel de Profit Inverse

L'un des avantages principaux de la vente à découvert en tant que couverture est son potentiel de profit inverse. Les investissements traditionnels, tels que les positions longues sur des actions, peuvent subir des pertes lorsque les valeurs du marché baissent. La vente à découvert permet aux investisseurs de tirer profit de la baisse des prix des actifs, générant des profits lorsque le marché connaît un retournement. Cette relation inverse renforce la résilience globale d'un portefeuille d'investissement.

2. Stratégie de Diversification

La vente à découvert contribue à la diversification du portefeuille, une stratégie fondamentale de gestion des risques. En incorporant des positions courtes aux côtés des positions longues traditionnelles, les investisseurs peuvent créer un portefeuille plus équilibré. Cette diversification aide à atténuer l'impact des retournements du marché sur la valeur globale du portefeuille, car les gains des positions courtes peuvent compenser les pertes des investissements traditionnels.

3. Atténuation des Risques

Pendant les retournements du marché, de nombreux investisseurs constatent l'érosion de la valeur de leurs positions longues. La vente à découvert offre une avenue unique d'atténuation des risques. En sélectionnant stratégiquement des actifs à vendre à découvert, les investisseurs peuvent créer un contrepoids à leurs positions longues. Cette stratégie de couverture agit comme un filet de sécurité, limitant les pertes potentielles lors de conditions de marché tumultueuses.

4. Profitabilité pendant les Marchés Baissiers

Les investissements traditionnels ont souvent du mal pendant les marchés baissiers, où règne un pessimisme généralisé. La vente à découvert permet aux investisseurs non seulement de protéger leur portefeuille, mais aussi de profiter du sentiment négatif prédominant. En vendant avec succès des actifs qui connaissent des baisses importantes, des rendements peuvent être générés même lorsque le marché dans son ensemble est en baisse.

5. Allocation Stratégique d'Actifs

La vente à découvert facilite une allocation stratégique des actifs en fonction des conditions du marché. Pendant les périodes d'expansion économique et de tendances haussières, les investisseurs peuvent se concentrer sur des positions longues traditionnelles. En revanche, lorsque des signes de retournement du marché apparaissent, l'incorporation stratégique de positions courtes peut améliorer la flexibilité globale et l'adaptabilité d'une stratégie d'investissement.

6. Adaptabilité aux Conditions Économiques Changeantes

La capacité de vendre à découvert donne aux investisseurs un outil pour s'adapter aux conditions économiques changeantes. Les cycles économiques comprennent des phases d'expansion et de contraction. La vente à découvert permet aux investisseurs de naviguer activement à travers ces cycles, ajustant leur portefeuille pour correspondre au sentiment du marché prédominant.

7. Gestion des Risques en Temps d'Incertitude

Les périodes économiques incertaines s'accompagnent souvent de retournements du marché. La vente à découvert, en tant que couverture, devient un outil précieux de gestion des risques en de telles périodes. Elle permet aux investisseurs d'adopter une position proactive, identifiant des opportunités de profit dans des marchés en déclin tout en se protégeant contre des pertes potentielles dans leurs positions longues.

Le rôle de la vente à découvert en tant que couverture contre les retournements du marché met en lumière son importance stratégique dans la gestion des risques. En incorporant des positions courtes, les investisseurs peuvent diversifier leurs portefeuilles, potentiellement profiter des marchés baissiers et naviguer dans les complexités des conditions économiques fluctuantes. Cette adaptabilité positionne la vente à découvert comme un outil précieux pour les investisseurs cherchant à protéger et optimiser leurs portefeuilles face aux incertitudes du marché.

Préoccupations Éthiques

Bien que la vente à découvert offre aux investisseurs des outils stratégiques pour naviguer sur les marchés financiers, elle n'est pas exempte de préoccupations éthiques. La pratique suscite souvent des débats sur la moralité de tirer profit des malheurs financiers des autres, soulevant d'importantes questions sur les implications éthiques intégrées aux stratégies de vente à découvert.

1. Profiter des Pertes d'Autrui

L'une des principales préoccupations éthiques associées à la vente à découvert tourne autour de l'idée de tirer profit des pertes d'autrui. Dans une vente à découvert, les gains pour le vendeur à découvert se traduisent généralement par des pertes pour l'entité ou l'individu détenant les titres empruntés. Les critiques soutiennent que cette dynamique de profit introduit un dilemme moral, semblant capitaliser sur les malheurs financiers d'autrui.

2. Allégations de Manipulation des Marchés

La vente à découvert a parfois été accusée de contribuer à la manipulation des marchés. Les détracteurs soutiennent que des activités concertées de vente à découvert peuvent artificiellement faire baisser le prix d'un actif ciblé, conduisant potentiellement à une prophétie autoréalisatrice où le sentiment négatif génère le résultat même sur lequel parient les vendeurs à découvert. Une telle manipulation perçue soulève des préoccupations éthiques sur l'équité et l'intégrité des marchés.

3. Impact sur les Entreprises et l'Emploi

La vente à découvert peut avoir un impact sur les entreprises dont les actions sont ciblées. Une chute significative des cours des actions peut affecter la santé financière de ces entreprises, entraînant potentiellement des conséquences telles que des licenciements ou des perturbations dans les opérations. Des considérations éthiques entrent en jeu lorsque les vendeurs à découvert naviguent sur la fine ligne entre la recherche de gains financiers et le préjudice potentiel aux moyens de subsistance réels des employés et des parties prenantes.

4. Asymétrie de l'Information et Avantage Injuste

Les débats éthiques tournent également autour de l'asymétrie de l'information. Les vendeurs à découvert réalisent souvent des recherches approfondies pour identifier des actifs surévalués. Les critiques soutiennent que cet avantage informationnel peut être injuste, car les investisseurs particuliers ou ceux qui n'ont pas accès à de telles ressources peuvent être défavorisés. Cette préoccupation éthique remet en question l'équité et l'inclusivité de la participation au marché.

5. Favoriser un Sentiment Négatif sur le Marché

L'acte de vente à découvert exprime intrinsèquement une vision baissière sur des actifs spécifiques. Les détracteurs soutiennent que la vente à découvert généralisée peut contribuer à un sentiment négatif global sur le marché, influençant potentiellement d'autres participants au marché et amplifiant les retournements du marché. Cela soulève des questions éthiques sur la responsabilité des vendeurs à découvert dans la formation des perceptions du marché.

6. Réponses Réglementaires et Limites Légales

Les réponses réglementaires à la vente à découvert impliquent souvent un acte d'équilibrage délicat. Les régulateurs cherchent à traiter les éventuels abus du marché tout en préservant l'intégrité des marchés. Les considérations éthiques surviennent lors de la détermination de l'adéquation des mesures réglementaires et de l'établissement de limites légales soutenant à la fois l'efficacité du marché et la protection contre les pratiques non éthiques.

7. Transparence et Responsabilité

Les pratiques éthiques de vente à découvert mettent l'accent sur la transparence et la responsabilité. Les investisseurs engagés dans la vente à découvert doivent être transparents quant à leurs positions, respecter les exigences de déclaration réglementaires et agir de manière responsable pour éviter d'éventuels abus. Le respect de ces principes éthiques contribue à maintenir la confiance et l'intégrité du marché.

Les préoccupations éthiques entourant la vente à découvert soulignent la nécessité d'une approche nuancée et fondée sur des principes de cette stratégie d'investissement. Trouver un équilibre entre la recherche de gains financiers et le maintien de normes éthiques nécessite une réflexion approfondie, de la transparence et un dialogue continu au sein de la communauté financière et des organismes de réglementation. À mesure que le monde financier évolue, la prise en compte de ces considérations éthiques devient essentielle pour garantir la pratique responsable et durable de la vente à découvert sur les marchés mondiaux.

PARTIE 5

EXEMPLES D'ÉCHECS DE LA VENTE À DÉCOUVERT

Échecs célèbres de shorting

Explorer les cas historiques d'échecs de la vente à découvert offre des enseignements précieux sur les conséquences de négliger les risques associés. Bien que la vente à découvert puisse être une stratégie puissante, l'histoire révèle des cas où des investisseurs éminents et des fonds spéculatifs ont connu des revers importants en raison de calculs erronés, de la dynamique du marché ou d'événements inattendus.

1. L'Épisode du Squeeze sur Volkswagen (2008)

L'un des échecs les plus emblématiques de la vente à découvert s'est produit en 2008 lorsque Porsche, dans un retournement surprenant des événements, a révélé qu'elle détenait une participation importante dans Volkswagen. Cette révélation a déclenché un énorme short squeeze, les vendeurs à découvert se précipitant pour couvrir leurs positions. La demande soudaine d'actions Volkswagen a entraîné une hausse sans précédent de leur prix, provoquant des pertes substantielles pour ceux qui avaient misé contre le constructeur automobile.

2. L'Ascension Remarquable de Tesla (2020)

Tesla, dirigée par Elon Musk, a connu une ascension remarquable en 2020. Les vendeurs à découvert pariant contre la société de voitures électriques ont subi d'énormes pertes alors que le cours de l'action de Tesla s'envolait. L'influence de Musk, le sentiment positif autour des véhicules électriques et la solide performance financière ont défié les attentes et ont laissé de nombreux vendeurs à découvert dans une situation délicate pour couvrir leurs positions, soulignant les défis de parier contre des entreprises de premier plan.

3. La Saga GameStop (2021)

La saga GameStop de 2021 illustre le pouvoir des investisseurs particuliers et les risques associés aux actions fortement vendues à découvert. Une communauté en ligne d'investisseurs individuels, coordonnée via des plateformes comme WallStreetBets sur Reddit, a fait monter en flèche le cours de l'action de GameStop, infligeant d'importantes pertes aux vendeurs à découvert institutionnels. Cet événement a mis en lumière l'imprévisibilité des mouvements des investisseurs particuliers et le potentiel de squeezes sur les positions courtes.

4. La Bataille Herbalife (2012-2018)

La bataille Herbalife entre l'investisseur activiste Bill Ackman et l'investisseur Carl Icahn a mis en lumière les complexités de la vente à découvert dans le cadre d'une querelle corporative de haut niveau. Ackman a déclaré publiquement qu'Herbalife était un schéma de Ponzi et a initié une position courte massive. Cependant, Icahn a pris le parti opposé, conduisant à un affrontement public. Malgré la persistance d'Ackman, le cours d'Herbalife n'a pas chuté comme il l'avait prédit, entraînant des pertes importantes pour son fonds spéculatif.

5. Lehman Brothers (2008)

La vente à découvert a joué un rôle dans la période précédant la crise financière de 2008, en particulier avec des institutions telles que Lehman Brothers. Bien que certains investisseurs aient réussi à vendre à découvert des actions de Lehman, les troubles généraux sur les marchés et la faillite subséquente de Lehman Brothers ont entraîné des défis sans précédent. Les vendeurs à découvert ont connu à la fois des gains substantiels et des pertes au milieu des événements tumultueux de la crise financière.

6. Négligence des Risques lors de l'Eclatement de la Bulle Dot-com (2000)

Pendant la période de la bulle dot-com, de nombreux vendeurs à découvert ont ciblé des actions technologiques surévaluées. Cependant, certains n'ont pas anticipé l'engouement spéculatif qui caractérisait cette période. Lors de l'éclatement de la bulle dot-com, de nombreux vendeurs à découvert ont été confrontés à des défis alors que les cours des actions défiaient les évaluations conventionnelles, entraînant des pertes inattendues.

Risque d'Actions Réglementaires

Les vendeurs à découvert doivent également considérer le risque d'actions réglementaires impactant leurs positions. Les instances où un examen réglementaire ou des interventions en réponse à des activités de vente à découvert ont eu lieu soulignent la nécessité d'une évaluation approfondie et du respect des réglementations.

Les échecs célèbres de la vente à découvert servent de mises en garde pour les investisseurs. Ces exemples historiques soulignent l'importance d'une évaluation minutieuse des risques, d'une recherche approfondie et d'une prise de conscience des dynamiques du marché plus larges. La vente à découvert, bien qu'étant une stratégie puissante, nécessite une compréhension approfondie des risques impliqués, car négliger ces risques peut entraîner des revers financiers importants. Apprendre de ces échecs est essentiel pour cultiver une approche plus nuancée et informée de la vente à découvert dans le monde financier dynamique d'aujourd'hui.

PARTIE 6

STRATÉGIES D'ATTÉNUATION DES RISQUES LIÉS À LA VENTE À DÉCOUVERT

Diversification du Portefeuille

Diversifier son portefeuille s'affirme comme une stratégie éprouvée et prudente pour atténuer efficacement les risques inhérents à la vente à découvert. Bien que la vente à découvert puisse offrir des avantages stratégiques, elle expose également les investisseurs à des défis uniques. La diversification constitue un puissant outil de gestion des risques, permettant aux investisseurs de répartir leur exposition à travers divers actifs et segments de marché, réduisant l'impact des mouvements défavorables dans une position particulière.

1. Réduction du Risque de Concentration

La diversification dans le contexte de la vente à découvert contribue à atténuer le risque de concentration. En répartissant les positions courtes sur différents actifs, secteurs ou industries, les investisseurs évitent de dépendre excessivement de la performance d'une seule valeur. Cette dispersion stratégique minimise l'impact des évolutions défavorables dans un segment de marché spécifique, protégeant l'ensemble du portefeuille.

2. Équilibre des Vues Haussières et Baissières

La vente à découvert reflète intrinsèquement une vision baissière sur des actifs ou des marchés spécifiques. La diversification permet aux investisseurs d'équilibrer leur portefeuille global en incorporant à la fois des positions longues et courtes. Cet équilibre leur permet de naviguer à la fois dans des scénarios de marché haussiers et baissiers, assurant que le succès d'un aspect du portefeuille peut compenser les pertes éventuelles dans l'autre.

3. Diversification par Secteur et Industrie

Au-delà de l'équilibrage entre positions longues et courtes, la diversification s'étend aux secteurs et industries. Axer les positions courtes sur divers secteurs réduit l'exposition aux développements défavorables spécifiques à une industrie particulière. Cela reconnaît que les conditions économiques impactent les secteurs de manière différente, offrant une protection contre les défis spécifiques à un secteur.

4. Diversification Géographique

La diversification géographique est une autre facette d'une stratégie bien élaborée. La vente à découvert dans différentes régions géographiques contribue à atténuer les risques associés aux ralentissements économiques régionaux, à l'instabilité politique ou aux fluctuations monétaires. Un portefeuille mondialement diversifié ajoute une couche de résilience, car les conditions économiques peuvent varier considérablement d'un pays à l'autre.

5. Diversification par Classe d'Actifs

La diversification entre les classes d'actifs élargit le champ d'atténuation des risques. Combiner des positions courtes sur des actions avec d'autres classes d'actifs, telles que les matières premières ou les devises, réduit la vulnérabilité aux événements spécifiques au marché. La diversification par classe d'actifs reconnaît que divers instruments financiers réagissent différemment aux conditions économiques.

6. Diversification Basée sur les Facteurs

La diversification basée sur les facteurs implique la prise en compte de divers facteurs influençant les prix des actifs. Ces facteurs peuvent inclure la capitalisation boursière, les ratios de valorisation ou les indicateurs de momentum. En diversifiant les positions courtes en fonction de plusieurs facteurs, les investisseurs peuvent améliorer leur capacité à s'adapter aux dynamiques du marché en évolution et réduire l'exposition aux risques associés à un seul facteur.

7. Ajustement Dynamique du Portefeuille

La diversification n'est pas un concept statique ; elle nécessite un ajustement dynamique du portefeuille. Les investisseurs doivent régulièrement réévaluer leurs positions courtes, en tenant compte des changements dans les conditions du marché, les perspectives économiques et les facteurs géopolitiques. Cette approche proactive garantit que le portefeuille reste aligné sur la tolérance au risque de l'investisseur et les attentes du marché.

8. Optimisation Risque-Rendement

La diversification vise en fin de compte à optimiser le profil risque-rendement d'un portefeuille. Bien que la vente à découvert introduise des risques spécifiques, un portefeuille diversifié vise à trouver un équilibre, permettant aux investisseurs de tirer parti des opportunités du marché tout en gérant les éventuels inconvénients. L'objectif est d'atteindre une stratégie d'investissement plus stable et résiliente.

La diversification émerge comme une stratégie fondamentale pour les investisseurs engagés dans la vente à découvert. En répartissant systématiquement l'exposition à travers différents actifs, secteurs, géographies et facteurs, les investisseurs peuvent naviguer dans les défis de la vente à découvert tout en renforçant la robustesse globale de leurs portefeuilles d'investissement. Cette approche stratégique atténue non seulement les risques, mais positionne également les investisseurs pour s'adapter à la nature dynamique et imprévisible des marchés financiers.

Ordres Stop-Loss

La mise en place d'ordres stop-loss constitue un outil crucial de gestion des risques, particulièrement dans le contexte de la vente à découvert. Cette approche stratégique permet aux investisseurs de limiter proactivement les pertes potentielles, offrant un mécanisme pour sortir des positions avant que des dommages importants ne se produisent. Les ordres stop-loss sont cruciaux pour atténuer les incertitudes inhérentes à la vente à découvert, offrant un point de sortie prédéfini aligné sur la tolérance au risque de l'investisseur.

1. Définition des Ordres Stop-Loss

Les ordres stop-loss sont des instructions prédéterminées pour vendre un actif lorsque son prix atteint un niveau spécifié. Dans la vente à découvert, cela signifie la clôture automatique d'une position courte si le prix de l'actif atteint un seuil prédéterminé. En établissant des ordres stop-loss clairs et exécutoires, les investisseurs établissent un filet de sécurité qui s'active lorsque le marché va à l'encontre de leurs positions courtes.

2. Limitation de l'Exposition à la Baisse

L'un des avantages principaux des ordres stop-loss réside dans leur rôle de limitation de l'exposition à la baisse. La vente à découvert comporte le risque de pertes illimitées si le prix de l'actif emprunté augmente indéfiniment. Les ordres stop-loss agissent comme une mesure de protection, déclenchant automatiquement la clôture de la position courte lorsque les pertes atteignent un niveau prédéfini. Cette approche proactive aide les investisseurs à contenir les éventuels revers financiers.

3. Gestion Disciplinée des Risques

Les ordres stop-loss incarnent une gestion disciplinée des risques. Les investisseurs fixent ces ordres en fonction d'une évaluation minutieuse de leur tolérance au risque et des dynamiques spécifiques des positions courtes. Cette discipline garantit que les émotions et les fluctuations du marché ne conduisent pas à des décisions impulsives, favorisant une approche structurée et fondée sur des principes pour gérer les risques liés à la vente à découvert.

4. Adaptabilité à la Volatilité du Marché

Les marchés peuvent être volatils, et la vente à découvert implique de naviguer dans des mouvements de prix qui ne correspondent pas toujours aux prédictions. Les ordres stop-loss s'adaptent à la volatilité du marché en s'ajustant aux conditions prévalentes. Que ce soit déclenché par des fluctuations soudaines du marché ou des événements inattendus, les ordres stop-loss fournissent une réponse dynamique aux évolutions des conditions du marché.

5. Prévention des Décisions Émotionnelles

La prise de décisions émotionnelles est une erreur courante en matière d'investissement. Les ordres stop-loss agissent comme une barrière contre les réactions émotionnelles aux mouvements du marché. Les investisseurs pourraient être tentés de conserver des positions perdantes dans l'espoir d'un retournement du marché. Les ordres stop-loss, cependant, imposent une stratégie de sortie rationnelle et prédéfinie, empêchant des décisions impulsives motivées par la peur ou la cupidité.

6. Facilitation de l'Exécution Automatisée

Les ordres stop-loss facilitent l'exécution automatisée. Une fois que le niveau de prix spécifié est atteint, l'ordre est automatiquement déclenché, assurant une exécution rapide et sans heurts. Cette automatisation est particulièrement avantageuse sur les marchés à mouvement rapide, où des retards dans l'exécution pourraient aggraver les pertes.

7. Personnalisation pour Chaque Position

Les investisseurs peuvent personnaliser les ordres stop-loss pour chaque position courte, les adaptant aux caractéristiques uniques de l'actif et à l'appétit pour le risque de l'investisseur. Cette granularité permet une application nuancée et stratégique des ordres stop-loss sur un portefeuille court diversifié.

8. Surveillance Continue et Ajustement

L'efficacité des ordres stop-loss repose sur une surveillance continue et un ajustement. Les investisseurs doivent régulièrement réévaluer les conditions du marché et, si nécessaire, ajuster les niveaux de stop-loss en fonction de nouvelles informations ou de dynamiques changeantes. Cette gestion active garantit que les ordres stop-loss restent alignés sur le monde du marché en évolution.

La mise en place d'ordres stop-loss est une pratique fondamentale de gestion des risques pour les investisseurs engagés dans la vente à découvert.

En établissant des points de sortie clairs et en adoptant une gestion disciplinée des risques, les investisseurs peuvent naviguer dans les défis de la vente à découvert avec une plus grande confiance et résilience. Les ordres stop-loss représentent un outil proactif et stratégique qui limite non seulement les pertes potentielles, mais contribue également à une approche plus systématique et éclairée de la vente à découvert dans les marchés financiers dynamiques.

Recherche approfondie

La recherche approfondie s'impose comme une pratique primordiale pour les investisseurs engagés dans la vente à découvert. Le succès des stratégies de vente à découvert repose sur une compréhension exhaustive de la santé financière d'une entreprise et des tendances générales du marché. Une recherche approfondie informe non seulement la décision d'initier une position courte, mais positionne également les investisseurs pour naviguer dans les complexités de la vente à découvert avec une conscience accrue et un acumen stratégique.

1. Analyse de la Santé Financière

La recherche approfondie commence par une analyse méticuleuse de la santé financière de l'entreprise ciblée pour la vente à découvert. Les investisseurs examinent les états financiers, les rapports de flux de trésorerie et les bilans pour évaluer la solvabilité, la rentabilité et la stabilité financière globale de l'entreprise. Cette plongée approfondie fournit des insights sur les vulnérabilités potentielles qui pourraient rendre l'entreprise propice à la vente à découvert.

2. Évaluation des Indicateurs de Rentabilité

Les indicateurs de rentabilité sont des composantes essentielles de la recherche. Les vendeurs à découvert scrutent des métriques telles que les marges bénéficiaires, le rendement des capitaux propres (ROE) et les bénéfices par action (BPA). Ces métriques offrent une perspective nuancée sur la capacité de l'entreprise à générer des profits et sur sa performance financière globale. Des écarts par rapport aux normes de l'industrie ou aux moyennes historiques peuvent signaler des faiblesses potentielles.

3. Compréhension des Niveaux d'Endettement

Un aspect critique de la recherche implique la compréhension des niveaux d'endettement de l'entreprise ciblée. Les investisseurs évaluent le ratio dette/capitaux propres et les capacités de service de la dette de l'entreprise. Des niveaux élevés d'endettement, surtout en conjonction avec des conditions de marché difficiles, peuvent exposer une entreprise à des tensions financières, en faisant une candidate plausible pour la vente à découvert.

4. Tendances du Marché et Analyse de l'Industrie

La réussite de la vente à découvert nécessite une vue holistique des tendances du marché et de la dynamique de l'industrie. La recherche approfondie s'étend à l'analyse des tendances économiques plus larges et des conditions spécifiques à l'industrie dans laquelle opère l'entreprise ciblée. Une perspective pessimiste pour l'industrie ou des défis systémiques peuvent soutenir davantage la justification d'initier des positions courtes.

5. Surveillance des Pratiques de Gestion

La recherche englobe une évaluation des pratiques de gestion et de la gouvernance d'entreprise. Les investisseurs scrutent les décisions et les stratégies mises en œuvre par la direction de l'entreprise. Des cas de gouvernance douteuse ou de décisions compromettant la durabilité à long terme peuvent influencer la décision de poursuivre des opportunités de vente à découvert.

6. Utilisation de l'Analyse Technique

L'analyse technique complète la recherche fondamentale en examinant les mouvements de prix historiques et les tendances du marché. Les vendeurs à découvert utilisent des outils tels que les graphiques, les lignes de tendance et les indicateurs techniques pour identifier les points d'entrée et de sortie potentiels pour les positions courtes. L'analyse technique ajoute une dimension quantitative à la recherche, améliorant la précision de la prise de décision.

7. Évaluation de l'Intérêt à la Vente à Découvert et du Sentiment du Marché

La recherche s'étend à l'évaluation de l'intérêt à la vente à découvert et du sentiment global du marché à l'égard de l'entreprise ciblée. Un intérêt élevé à la vente à découvert peut indiquer un consensus parmi les investisseurs sur des faiblesses potentielles. Cependant, les investisseurs doivent également être conscients de la nature contraire des marchés, où un sentiment excessivement négatif pourrait entraîner des pressions à la hausse sur les positions courtes.

8. Analyse de Scénarios et Planification de Contingence

La recherche approfondie implique une analyse de scénarios et une planification de contingence. Les vendeurs à découvert anticipent divers scénarios, envisageant des résultats favorables et défavorables. Cette approche proactive permet aux investisseurs d'adapter leurs stratégies en fonction des conditions du marché en évolution, minimisant l'impact des événements imprévus.

9. Flux d'Information Continus

La recherche n'est pas un effort ponctuel, mais un processus continu. Les vendeurs à découvert restent attentifs aux actualités, aux mises à jour du marché et aux développements d'entreprise susceptibles d'impact leurs positions. Un flux continu d'informations garantit que les positions courtes restent alignées sur les dernières informations du marché et les circonstances en évolution.

La recherche approfondie est le socle du succès en matière de vente à découvert. Les investisseurs qui s'engagent dans une compréhension exhaustive du monde financier, des tendances du marché et de la dynamique de l'industrie se positionnent pour prendre des décisions éclairées. Au-delà de l'initiation des positions courtes, la recherche continue permet aux investisseurs de s'adapter aux conditions changeantes, de naviguer dans l'incertitude et d'optimiser leurs stratégies de vente à découvert pour un succès durable dans le domaine dynamique des marchés financiers.

PARTIE 7

VENTE À DÉCOUVERT DANS DIFFÉRENTS MARCHÉS

Shorting sur les marchés boursiers

Comprendre le fonctionnement de la vente à découvert sur les marchés boursiers est essentiel pour les investisseurs en actions cherchant à saisir pleinement la dynamique du marché. La vente à découvert, une pratique nuancée et stratégique, implique la vente de titres empruntés avec l'anticipation d'une baisse de leurs prix, permettant à l'investisseur de les racheter à un coût inférieur. Ce processus offre des perspectives uniques sur le comportement du marché et présente à la fois des risques et des opportunités pour les investisseurs naviguant dans le monde des actions.

1. Initiation d'une Position Courte

La vente à découvert sur les marchés boursiers commence par l'ouverture d'une position courte. Un investisseur emprunte des actions à un courtier et les vend sur le marché ouvert. L'objectif est de racheter les mêmes actions ultérieurement, idéalement à un prix inférieur, et de les restituer au prêteur, profitant de la différence de prix.

2. Dynamique du Marché et Anticipation de la Baisse des Prix

Les vendeurs à découvert analysent activement la dynamique du marché et évaluent les facteurs susceptibles de contribuer à la baisse du prix d'une action. Cette analyse peut inclure une recherche fondamentale, une analyse technique et une compréhension des tendances économiques générales. Les vendeurs à découvert anticipent les baisses de prix et chronomètrent stratégiquement leurs positions courtes pour capitaliser sur les mouvements du marché.

3. Scénario Risque-Rendement

La vente à découvert introduit un scénario distinct de risque et de rendement pour les investisseurs. Bien que le potentiel de profit existe si le prix de l'action diminue, le risque est illimité si le prix augmente. Les investisseurs doivent gérer soigneusement leurs positions, utilisant des stratégies d'atténuation des risques telles que des ordres stop-loss pour limiter les pertes potentielles.

4. Support du Coût de l'Emprunt

La vente à découvert implique d'emprunter des actions, et cet emprunt a un coût. Les investisseurs qui s'engagent dans la vente à découvert paient généralement des frais pour emprunter des actions, contribuant au coût global de la position courte. Le coût de l'emprunt est un facteur supplémentaire que les investisseurs doivent prendre en compte lors de l'évaluation de la faisabilité des stratégies de vente à découvert.

5. Pression à la Hausse et Volatilité du Marché

Les activités de vente à découvert peuvent contribuer à la volatilité du marché et, parfois, entraîner des pressions à la hausse. Une pression à la hausse se produit lorsque le prix d'une action fortement vendue à découvert augmente brusquement, incitant les vendeurs à découvert à racheter rapidement des actions. Cette ruée pour couvrir les positions peut faire monter davantage le prix de l'action, créant un cycle volatil.

6. Cadre Réglementaire

La vente à découvert est soumise à des cadres réglementaires visant à maintenir l'intégrité du marché. Les réglementations peuvent inclure des exigences de divulgation, des restrictions sur la vente à découvert "à découvert" (vente d'actions sans les emprunter réellement) et des mesures visant à prévenir d'éventuels abus de marché. Les investisseurs engagés dans la vente à découvert doivent se conformer à ces réglementations.

7. Impact sur l'Efficacité du Marché

La vente à découvert joue un rôle dans l'efficacité du marché en contribuant à la découverte des prix. Les vendeurs à découvert, par le biais de leur analyse et de leurs actions, fournissent un contrepoids aux sentiments optimistes du marché. Cette interaction dynamique entre les positions longues et courtes contribue à un mécanisme de fixation des prix plus nuancé et réfléchi sur les marchés boursiers.

8. Rôle dans la Gestion Active de Portefeuille

La vente à découvert sert d'outil pour la gestion active de portefeuille. Les investisseurs utilisent des positions courtes pour se couvrir contre les baisses du marché, générer des rendements dans des conditions baissières et diversifier leurs portefeuilles. Cette application stratégique de la vente à découvert est en phase avec les objectifs généraux de gestion de portefeuille.

9. Valeur Éducative pour les Investisseurs

Comprendre comment fonctionne la vente à découvert sur les marchés boursiers offre une valeur éducative pour les investisseurs. Cela fournit des perspectives sur la psychologie du marché, les stratégies de gestion des risques et l'interaction entre les différents participants au marché. Cette connaissance renforce la capacité de l'investisseur à prendre des décisions éclairées et à naviguer dans les complexités des marchés boursiers.

10. Contribution à la Liquidité du Marché

La vente à découvert contribue à la liquidité du marché en augmentant le nombre d'actions disponibles pour le trading. Cette liquidité est essentielle au bon fonctionnement des marchés boursiers, permettant aux investisseurs d'acheter et de vendre des actions de manière plus efficace.

Comprendre les subtilités de la vente à découvert sur les marchés boursiers est crucial pour les investisseurs en actions. Cela va au-delà d'une simple stratégie de trading, offrant une compréhension plus profonde de la dynamique du marché, des pratiques de gestion des risques et du rôle des différents participants au marché. Armés de cette connaissance, les investisseurs peuvent aborder le monde des actions avec une perspective plus informée et stratégique, se positionnant pour prendre des décisions bien calculées dans des conditions de marché haussières et baissières.

La Vente à Découvert sur les Marchés des Cryptomonnaies

Le marché émergent des cryptomonnaies présente des défis et des opportunités uniques pour les vendeurs à découvert, offrant un monde distinct par rapport aux marchés d'actions traditionnels. La vente à découvert sur les marchés des cryptomonnaies implique de parier contre la valeur d'actifs numériques, et comprendre les subtilités de cette pratique est essentiel pour les investisseurs cherchant à naviguer dans le monde évolutif des cryptomonnaies.

1. Dynamique des Actifs Numériques
La vente à découvert sur les marchés des cryptomonnaies tourne autour des actifs numériques tels que Bitcoin, Ethereum et une myriade d'altcoins. Contrairement aux actions traditionnelles, ces actifs numériques sont décentralisés, sans frontières et souvent influencés par les avancées technologiques, les changements réglementaires et le sentiment de la communauté. Les vendeurs à découvert doivent comprendre les dynamiques uniques qui influent sur les prix des cryptomonnaies.

2. Utilisation des Bourses de Crypto avec Effet de Levier
La vente à découvert sur les marchés des cryptomonnaies est facilitée par le biais de bourses de crypto spécialisées. Les vendeurs à découvert empruntent des actifs numériques sur ces plates-formes, les vendent sur le marché et cherchent à les racheter à un prix inférieur. La disponibilité de l'effet de levier sur certaines bourses augmente le potentiel de rendement, mais amplifie également les risques, nécessitant une gestion prudente des risques.

3. Volatilité comme Constante
Les marchés des cryptomonnaies sont renommés pour leur volatilité. Les prix peuvent connaître des fluctuations significatives dans de courtes périodes, créant à la fois des opportunités et des risques pour les vendeurs à découvert.

Comprendre et accepter la volatilité inhérente est crucial pour concevoir des stratégies de vente à découvert efficaces dans l'espace des cryptomonnaies.

4. Short Squeezes et Défis de Liquidité

Les short squeezes, un phénomène familier sur les marchés traditionnels, se produisent également sur les marchés des cryptomonnaies. Des augmentations de prix rapides peuvent forcer les vendeurs à découvert à couvrir rapidement leurs positions, exacerbant les mouvements de prix à la hausse. Des défis de liquidité peuvent survenir, en particulier pour les altcoins moins liquides, impactant la capacité à exécuter des transactions de manière efficace.

5. Dynamiques Réglementaires

Les marchés des cryptomonnaies évoluent dans un environnement réglementaire dynamique. Les changements réglementaires, les annonces ou les développements peuvent avoir un impact significatif sur les prix. Les vendeurs à découvert doivent rester informés des dynamiques réglementaires à l'échelle mondiale, en tenant compte de leur influence potentielle sur le sentiment du marché et la faisabilité des stratégies de vente à découvert.

Comprendre comment fonctionne la vente à découvert sur les marchés des cryptomonnaies offre une perspective essentielle pour les investisseurs. Cela va au-delà d'une simple stratégie de trading, fournissant une compréhension approfondie de la dynamique unique de l'espace des cryptomonnaies, des pratiques de gestion des risques et des défis spécifiques rencontrés par les vendeurs à découvert dans cet environnement en constante évolution. Cette connaissance permet aux investisseurs de prendre des décisions éclairées et stratégiques lorsqu'ils explorent les opportunités et les risques offerts par les cryptomonnaies.

6. Facteurs Technologiques

Les progrès technologiques jouent un rôle central dans les marchés des cryptomonnaies. Les changements ou mises à niveau de la technologie blockchain, les préoccupations liées à la sécurité ou les innovations dans la finance décentralisée (DeFi) peuvent influencer la valeur des actifs numériques. Les vendeurs à découvert doivent prendre en compte le monde technologique lors de l'évaluation de positions courtes potentielles.

7. Sentiment de la Communauté

Les prix des cryptomonnaies sont souvent influencés par le sentiment de la communauté. Les plateformes de médias sociaux, les forums et les communautés en ligne jouent un rôle crucial dans la formation des perceptions et la conduite des mouvements de prix. Les vendeurs à découvert doivent surveiller et analyser le sentiment de la communauté pour évaluer les changements potentiels dans la dynamique du marché.

8. Diversification dans les Positions Courtes en Crypto

La diversification demeure une stratégie clé pour les vendeurs à découvert dans les marchés des cryptomonnaies. Étant donné la variété d'actifs numériques disponibles, la vente à découvert d'un portefeuille diversifié peut contribuer à répartir les risques. Cependant, une considération prudente des caractéristiques uniques de chaque actif est essentielle pour gérer efficacement les expositions.

9. Gestion des Risques dans les Positions Courtes en Crypto

Des pratiques robustes de gestion des risques sont primordiales dans la vente à découvert de cryptomonnaies. La volatilité, l'effet de levier et la nature 24h/24 des marchés crypto exigent une atténuation disciplinée des risques. Les ordres stop-loss, la taille des positions et la surveillance continue sont des composants critiques d'une gestion des risques efficace dans l'espace crypto.

10. Évolution des Produits Dérivés de Cryptomonnaies

L'évolution des produits dérivés de cryptomonnaies, y compris les contrats à terme et les options, a élargi l'arsenal des vendeurs à découvert. Ces instruments offrent des voies supplémentaires pour exprimer des positions courtes, permettant aux investisseurs d'ajuster leurs stratégies en fonction des attentes du marché et des préférences de risque.

La vente à découvert dans les marchés des cryptomonnaies est une pratique dynamique et évolutive qui nécessite une compréhension nuancée des actifs numériques, des évolutions technologiques et du sentiment du marché. Tout en présentant des défis uniques, l'espace des cryptomonnaies offre également des opportunités aux investisseurs pour capitaliser sur les mouvements de prix et diversifier leurs portefeuilles. Armés d'une compréhension approfondie du monde des cryptomonnaies, les vendeurs à découvert peuvent naviguer dans ce marché complexe avec agilité et acuité stratégique.

La Vente à Découvert dans l'Immobilier

Les marchés immobiliers, généralement associés à la propriété foncière et aux investissements à long terme, ne sont pas exempts des stratégies de vente à découvert. Explorer cette niche offre aux investisseurs une vision holistique des possibilités d'investissement, présentant une approche distinctive pour naviguer dans la complexité du monde immobilier.

1. L'Essence de la Vente à Découvert Immobilière

La vente à découvert dans l'immobilier consiste à spéculer sur la baisse de la valeur d'une propriété. Contrairement aux investissements immobiliers traditionnels où les investisseurs visent l'appréciation des biens, les vendeurs à découvert anticipent une diminution des valeurs, leur permettant de tirer profit de la différence de prix.

2. La Vente à Découvert des Fonds d'Investissement Immobilier (REIT)

Les Fonds d'Investissement Immobilier (REIT), généralement ciblés par les vendeurs à découvert, sont des sociétés cotées en bourse qui possèdent, exploitent ou financent des biens immobiliers producteurs de revenus. Les vendeurs à découvert peuvent spéculer sur des paris baissiers sur les REIT, anticipant des conditions de marché défavorables pouvant affecter les actifs immobiliers sous-jacents.

3. Utilisation de Dérivés Immobiliers

La vente à découvert dans l'immobilier est facilitée par des dérivés, y compris des options et des contrats à terme immobiliers. Ces instruments financiers permettent aux investisseurs d'exprimer des opinions baissières sur les marchés immobiliers sans posséder directement la propriété physique. Les dérivés immobiliers offrent flexibilité et effet de levier pour les stratégies de vente à découvert.

4. Indicateurs Économiques et de Marché

Les vendeurs à découvert dans l'immobilier surveillent de près les indicateurs économiques et de marché. Des facteurs tels que les taux d'intérêt, les niveaux d'emploi et les tendances du marché immobilier influencent les valeurs des propriétés. Une analyse approfondie de ces indicateurs guide les vendeurs à découvert pour identifier des opportunités potentielles et des risques dans le secteur immobilier.

5. Identification des Marchés Surévalués

La vente à découvert dans l'immobilier implique souvent d'identifier des marchés surévalués. Les vendeurs à découvert scrutent les marchés immobiliers où les prix peuvent être gonflés par rapport aux fondamentaux économiques. Cette analyse peut inclure des facteurs tels que la spéculation excessive, les niveaux élevés d'endettement ou une appréciation des prix insoutenable.

6. Évaluation des Tendances Macro et Microéconomiques

La réussite de la vente à découvert dans l'immobilier nécessite une évaluation complète des tendances macro et microéconomiques. Les tendances macroéconomiques, telles que les indicateurs économiques nationaux, les politiques de taux d'intérêt et les changements démographiques, interagissent avec les tendances microéconomiques telles que les taux d'emploi locaux et l'offre de logements, influençant les valeurs immobilières.

7. Timing du Marché et Tendances Cycliques

Le timing est crucial dans la vente à découvert immobilière. Les investisseurs cherchent à tirer parti des tendances cycliques au sein des marchés immobiliers. Identifier des points d'inflexion dans le cycle du marché, comme le sommet d'une bulle immobilière, permet aux vendeurs à découvert d'entrer stratégiquement en position avant des retournements potentiels.

8. Risques et Considérations

La vente à découvert immobilière comporte des risques inhérents. Contrairement aux actions ou aux cryptomonnaies, les propriétés physiques impliquent des actifs tangibles, rendant le processus de vente à découvert plus complexe. Les investisseurs doivent prendre en compte des facteurs tels que l'entretien des propriétés, les changements réglementaires et la possibilité d'événements imprévus affectant les valeurs des propriétés.

9. Impact des Facteurs Externes

Les vendeurs à découvert immobiliers sont sensibles à l'impact des facteurs externes sur les valeurs des propriétés. Ces facteurs peuvent inclure des changements dans les lois d'urbanisme, les réglementations environnementales ou les évolutions des économies locales. Les influences externes peuvent altérer la dynamique des marchés immobiliers, créant des opportunités pour les stratégies de vente à découvert.

10. Diversification dans les Positions Courtes Immobilières

La diversification reste une stratégie fondamentale pour les vendeurs à découvert dans l'immobilier. En vendant à découvert sur différents types de biens, régions ou secteurs immobiliers, les investisseurs peuvent répartir les risques et optimiser leurs positions courtes en fonction d'une compréhension nuancée des dynamiques de marché diverses.

La vente à découvert dans l'immobilier introduit une dimension nuancée aux stratégies d'investissement immobilier traditionnelles. Bien que moins courante que sur les marchés financiers, cette pratique permet aux investisseurs de capitaliser sur des perspectives baissières et de naviguer dans la nature cyclique des marchés immobiliers. En utilisant des dérivés, en surveillant les indicateurs économiques et en identifiant des marchés surévalués, les vendeurs à découvert dans l'immobilier contribuent au monde diversifié des possibilités d'investissement.

PARTIE 8

HISTOIRES VÉCUES

La valeur des expériences vécues par d'autres investisseurs

S'engager dans le parcours de la vente à découvert est semblable à naviguer dans des eaux inexplorées, et les récits d'investisseurs qui ont réussi à traverser ce terrain difficile servent de phares d'inspiration et de conseils pour ceux qui s'aventurent dans le monde des paris baissiers. Ces récits de première main offrent un aperçu de la mentalité, des stratégies et de la sagesse acquise à la dure qui définissent les expériences des vendeurs à découvert réussis.

1. Perception du Risque et Instinct Profond

Les vendeurs à découvert chevronnés mettent souvent l'accent sur le rôle de la perception intuitive du risque. Entendre comment les investisseurs réussis ont développé un sens aigu pour identifier les actifs surévalués, comprendre les dynamiques du marché et évaluer les retournements potentiels offre aux aspirants vendeurs à découvert des perspectives précieuses sur les aspects intuitifs de la gestion des risques.

2. La Recherche Approfondie comme Pierre Angulaire

À travers ces récits, un fil conducteur commun est l'engagement inébranlable envers la recherche approfondie. Les vendeurs à découvert réussis soulignent l'importance de l'analyse approfondie, scrutant les rapports financiers, évaluant les tendances industrielles et restant au fait des facteurs macroéconomiques. Les expériences mettent en lumière que la recherche n'est pas simplement une étape, mais une pierre angulaire pour des stratégies efficaces de vente à découvert.

3. Discipline dans l'Exécution

La vente à découvert exige de la discipline dans l'exécution, et entendre comment les investisseurs ont respecté des stratégies prédéfinies, fixé des ordres stop-loss et résisté aux impulsions émotionnelles ajoute une couche de sagesse pratique. Ces expériences soulignent l'importance de maintenir une approche structurée même face aux fluctuations du marché.

4. Patience en Pleine Volatilité du Marché

Les récits explorent la vertu de la patience lorsqu'on s'engage dans la vente à découvert. Les investisseurs racontent des moments où ils ont traversé la volatilité du marché, laissant leurs paris baissiers se dérouler au fil du temps. La patience émerge comme un ingrédient essentiel pour le succès, contrecarrant l'envie de céder aux bruits à court terme du marché.

5. Adaptabilité aux Conditions Changeantes

Les histoires de réussite de la vente à découvert tournent souvent autour de l'adaptabilité. Les investisseurs partagent comment ils ont ajusté leurs stratégies à mesure que les conditions du marché évoluaient, démontrant la nécessité de flexibilité. Ces expériences mettent en lumière que l'adhésion rigide à une seule approche peut ne pas suffire dans le monde dynamique de la vente à découvert.

6. Gestion des Risques et Planification de Contingence

La gestion des risques est un thème récurrent dans ces récits. Les vendeurs à découvert réussis soulignent l'importance de définir des seuils de risque clairs, d'utiliser des ordres stop-loss et d'incorporer des plans de contingence. En tirant des leçons de leurs expériences, les investisseurs soulignent la nécessité d'un cadre de gestion des risques solide pour naviguer dans les incertitudes inhérentes à la vente à découvert.

7. Équilibre entre Conviction et Humilité

Les expériences des vendeurs à découvert illustrent un équilibre délicat entre la conviction et l'humilité. Les investisseurs partagent des moments où une conviction inébranlable dans leur analyse a conduit à des résultats rentables, mais ils reconnaissent également l'humilité nécessaire pour réévaluer les positions face à des mouvements de marché inattendus ou de nouvelles informations.

8. Apprentissage Continu et Adaptation

Le parcours de la vente à découvert est marqué par un engagement envers l'apprentissage continu. Les investisseurs racontent comment chaque transaction, qu'elle soit réussie ou difficile, a contribué à leur croissance. Ces expériences soulignent que la capacité à s'adapter, apprendre des erreurs et affiner les stratégies est essentielle pour la longévité et le succès dans ce domaine.

9. Résilience Mentale et Contrôle Émotionnel

La vente à découvert est une entreprise mentalement exigeante, et les récits explorent l'importance du contrôle émotionnel. Les investisseurs partagent comment ils ont développé une résilience face aux incertitudes du marché, aux revers et aux défis psychologiques associés à parier contre l'optimisme conventionnel du marché.

10. Partager le Côté Humain de l'Investissement

Au-delà des stratégies et des dynamiques de marché, les expériences partagées par les investisseurs offrent une perspective humaine sur le monde de la vente à découvert. Ces récits rendent humains les aspects souvent complexes et techniques de l'investissement, rendant le parcours accessible à ceux qui envisagent ou sont activement engagés dans la vente à découvert.

Les récits d'investisseurs qui ont réussi à naviguer dans la vente à découvert offrent plus que des perspectives financières. Ils donnent un aperçu des éléments humains de l'investissement : courage, résilience, adaptabilité et une soif perpétuelle de connaissance. Les aspirants vendeurs à découvert peuvent tirer inspiration et sagesse pratique de ces expériences, favorisant une compréhension plus profonde des défis et des récompenses qui caractérisent le monde des paris baissiers.

PARTIE 9

MESURES RÉGLEMENTAIRES ET SURVEILLANCE

Régulations de la SEC

Dans le monde complexe des marchés financiers, la compréhension du cadre réglementaire est cruciale, surtout en ce qui concerne la pratique de la vente à découvert. La Securities and Exchange Commission (SEC) joue un rôle central dans la surveillance et la régulation des activités liées aux valeurs mobilières aux États-Unis. Naviguer dans les eaux réglementaires, en particulier les lignes directrices établies par la SEC, est essentiel pour la conformité, la conduite éthique et une gestion efficace des risques dans le domaine de la vente à découvert.

1. Aperçu de la SEC

La Securities and Exchange Commission, créée en 1934, est un organisme de réglementation clé chargé de maintenir des marchés équitables et efficients. La mission de la SEC est de protéger les investisseurs, de faciliter la formation de capital et de garantir l'intégrité des marchés des valeurs mobilières grâce à une réglementation et une application efficaces.

2. Exigences en matière de divulgation

La SEC impose des exigences strictes en matière de divulgation pour assurer la transparence sur les marchés financiers. Les entreprises qui pratiquent la vente à découvert ou fournissent des services connexes sont tenues de divulguer des informations pertinentes au public. Les investisseurs et les participants au marché s'appuient sur ces divulgations pour prendre des décisions éclairées.

3. Rapport sur la vente à découvert

Les réglementations de la SEC imposent la déclaration des transactions de vente à découvert. Les courtiers sont tenus de soumettre régulièrement des rapports détaillant les activités de vente à découvert, contribuant à la surveillance de la SEC sur la dynamique du marché. Cette exigence de déclaration aide à surveiller les abus potentiels du marché et à maintenir l'intégrité du marché.

4. Règle 201 (Règle alternative de hausse)

La SEC a mis en place la Règle 201, également connue sous le nom de Règle alternative de hausse, pour répondre aux préoccupations liées à la vente à découvert pendant les périodes de stress sur le marché. Cette règle vise à limiter la volatilité excessive en imposant des restrictions sur la vente à découvert lorsqu'une action connaît une baisse de prix significative.

5. Réglementation SHO

La Régulation SHO est un ensemble de règles de la SEC régissant les ventes à découvert et l'emprunt d'actions. Elle comprend des dispositions visant à résoudre des problèmes tels que la vente à découvert à découvert - la vente d'actions sans les emprunter réellement. La réglementation établit des procédures pour marquer les ventes comme "courtes", assurant la conformité avec les exigences d'emprunt et de livraison.

6. Application des interdictions de fraude et de manipulation du marché

La SEC applique activement les réglementations contre la fraude et la manipulation du marché. Les vendeurs à découvert doivent se conformer à des pratiques éthiques, évitant les déclarations fausses ou trompeuses qui pourraient manipuler les perceptions du marché. Des mesures d'application sont prises contre ceux qui se livrent à des activités frauduleuses pour maintenir l'intégrité du marché.

7. Règles de procuration

Les règles de procuration de la SEC régissent la divulgation d'informations par les entreprises et les particuliers cherchant à acquérir plus de 5 % des titres d'une société. Les vendeurs à découvert impliqués dans des activités pouvant influencer le contrôle d'entreprise doivent se conformer à ces règles, contribuant à la transparence et à la prise de décision éclairée.

8. Interdictions de délit d'initié

Les vendeurs à découvert doivent se conformer aux interdictions de la SEC en matière de délit d'initié. Les informations obtenues de manière illégale ou considérées comme non publiques ne doivent pas être utilisées à des fins de transaction. La SEC enquête activement et prend des mesures juridiques contre les personnes ou entités qui se livrent à des pratiques de délit d'initié.

9. Portée mondiale des réglementations de la SEC

Bien que la SEC surveille principalement les marchés des valeurs mobilières aux États-Unis, ses réglementations peuvent avoir des effets extraterritoriaux. Les entités étrangères engagées dans des activités qui ont un impact sur les marchés américains ou les investisseurs américains peuvent être soumises aux réglementations de la SEC. Cette portée mondiale renforce l'engagement de la SEC à maintenir l'intégrité des marchés financiers américains.

10. Initiatives éducatives

La SEC entreprend des initiatives éducatives pour informer les investisseurs sur les risques et les avantages de la vente à découvert. Des documents et des ressources éducatifs sont fournis pour aider les participants au marché à comprendre les subtilités de la vente à découvert, favorisant une communauté d'investisseurs plus informée et résiliente.

La compréhension des réglementations de la SEC est fondamentale pour toute personne impliquée dans des activités de vente à découvert. Le cadre réglementaire de la SEC vise à protéger les investisseurs, à garantir des marchés équitables et à prévenir les activités frauduleuses. La conformité à ces réglementations atténue non seulement les risques pour les participants au marché, mais contribue également à la stabilité globale et à la fiabilité des marchés financiers. À mesure que la SEC continue de s'adapter aux évolutions des dynamiques du marché, les participants au marché doivent rester informés des changements réglementaires pour naviguer de manière responsable et éthique dans le terrain complexe de la vente à découvert.

Cadre réglementaire mondial

S'engager dans la vente à découvert à l'échelle mondiale exige une prise de conscience aiguë des divers environnements réglementaires qui régissent les marchés financiers. Chaque pays ou région a son propre ensemble de règles et de réglementations, créant une mosaïque complexe d'exigences en matière de conformité. Naviguer dans cette toile complexe de cadres réglementaires mondiaux est essentiel pour les participants au marché impliqués dans des pratiques de vente à découvert, assurant la conformité aux normes légales et à la conduite éthique.

1. Disparités régionales en matière de réglementation
Le monde réglementaire mondial se caractérise par des disparités régionales dans les réglementations régissant la vente à découvert. Différents pays peuvent avoir des règles distinctes concernant les exigences en matière de divulgation, les pratiques de vente à découvert autorisées et les mécanismes d'application. Les participants au marché doivent être conscients de ces disparités pour opérer dans les limites légales.

2. Réglementation de la vente à découvert dans l'Union européenne
Dans l'Union européenne (UE), les activités de vente à découvert sont soumises à des réglementations spécifiques définies dans le règlement de l'UE sur la vente à découvert. Ce cadre vise à renforcer la transparence en exigeant la divulgation des positions courtes significatives et en facilitant la coordination entre les États membres de l'UE pour faire face aux risques associés à la vente à découvert.

3. Variations réglementaires sur les marchés asiatiques
Les marchés asiatiques, y compris la Chine, le Japon et la Corée du Sud, présentent chacun leurs propres variations réglementaires concernant la

vente à découvert. Ces réglementations peuvent inclure des restrictions sur la vente à découvert à découvert, des exigences de divulgation et des règles spécifiques pour faire face à la manipulation des marchés. Comprendre ces nuances est essentiel pour les participants au marché opérant dans les marchés asiatiques.

4. Règles de l'Autorité de conduite financière (FCA) du Royaume-Uni

Le Royaume-Uni, un centre financier important, suit les lignes directrices réglementaires établies par l'Autorité de conduite financière (FCA). Ces règles englobent divers aspects de la vente à découvert, mettant l'accent sur la transparence et garantissant que les participants au marché respectent des pratiques éthiques. Toute modification des règles de la FCA peut avoir un impact significatif sur les stratégies de vente à découvert au Royaume-Uni.

5. Directives des Autorités canadiennes en valeurs mobilières (ACVM)

Le Canada, comme de nombreux autres pays, a son propre organisme de réglementation surveillant les activités liées aux valeurs mobilières. Les Autorités canadiennes en valeurs mobilières (ACVM) fournissent des directives et des réglementations relatives aux pratiques de vente à découvert. Les participants au marché opérant au Canada doivent se conformer à ces réglementations pour maintenir l'intégrité du marché.

6. Surveillance par la Commission australienne des valeurs mobilières et des investissements (ASIC)

En Australie, les activités de vente à découvert relèvent de la surveillance de la Commission australienne des valeurs mobilières et des investissements (ASIC). ASIC réglemente et fait respecter les règles liées à la vente à découvert, visant à favoriser des marchés équitables et transparents. Comprendre les lignes directrices de l'ASIC est crucial pour ceux impliqués dans la vente à découvert sur le marché australien.

7. Défis réglementaires dans les marchés émergents

Les marchés émergents présentent souvent des défis réglementaires uniques. Les cadres réglementaires peuvent être moins établis ou sujets à des changements rapides. Les participants au marché pratiquant la vente à découvert dans les marchés émergents doivent rester vigilants, s'adaptant aux mondes réglementaires en évolution et aux incertitudes potentielles.

8. Initiatives réglementaires collaboratives

Reconnaissant la nature interconnectée des marchés financiers mondiaux, les organismes de réglementation s'engagent dans des initiatives collaboratives. Des organisations telles que l'Organisation internationale des commissions de valeurs (OICV) travaillent à établir des principes et des normes communs, favorisant un cadre réglementaire mondial plus harmonisé pour les activités de vente à découvert.

9. Impact du commerce transfrontalier

Le commerce transfrontalier, une pratique courante sur les marchés mondiaux, ajoute de la complexité aux réglementations de la vente à découvert. Les participants au marché doivent naviguer dans les implications de la négociation de titres dans différentes juridictions, en tenant compte des exigences réglementaires des marchés d'origine et de destination.

10. Technologie de conformité et systèmes de déclaration

Pour naviguer efficacement dans le cadre réglementaire mondial, les participants au marché utilisent souvent la technologie de conformité et les systèmes de déclaration. Ces outils contribuent à assurer la conformité aux diverses exigences réglementaires, à rationaliser les processus de déclaration et à améliorer la transparence dans les activités mondiales de vente à découvert.

Comprendre le cadre réglementaire mondial est impératif pour les participants au marché engagés dans la vente à découvert à l'échelle internationale. Naviguer dans les réglementations diverses exige vigilance, adaptabilité et engagement envers une conduite éthique. En restant informés sur les disparités régionales, en collaborant avec les organismes de réglementation et en utilisant la technologie pour la conformité, les participants au marché peuvent naviguer avec diligence et intégrité dans le terrain complexe de la vente à découvert à l'échelle mondiale.

PARTIE 10

COMMENT LE SHORTING AFFECTE L'ECONOMIE

Impact sur la Stabilité des Marchés

Comprendre l'impact de la vente à découvert sur la stabilité des marchés est essentiel pour obtenir des perspectives sur ses implications économiques plus larges. Alors que certains critiques soutiennent que la vente à découvert peut introduire de la volatilité et déstabiliser les marchés, un examen plus approfondi révèle une relation plus nuancée.

1. Introduction à la Dynamique du Marché

La vente à découvert est une partie intégrante de la dynamique du marché, fournissant un contrepoids aux stratégies d'achat traditionnelles. Elle permet aux investisseurs d'exprimer des opinions baissières sur des actifs, favorisant un environnement où les sentiments haussiers et baissiers coexistent.

2. Volatilité vs Stabilité

Contrairement à une croyance courante, la vente à découvert peut contribuer à la stabilité du marché en empêchant la formation de bulles spéculatives. Lorsque des actifs surévalués subissent une pression de vente à découvert, cela agit comme une force corrective, alignant les prix des actifs plus étroitement sur leurs valeurs intrinsèques. Cela réduit ainsi la probabilité de fluctuations de marché abruptes et non durables.

3. Découverte Efficace des Prix

La vente à découvert améliore les mécanismes de découverte des prix sur les marchés financiers. En permettant aux investisseurs de parier contre des actifs surévalués, elle contribue à révéler des évaluations plus précises. Ce processus de découverte efficace des prix contribue à un environnement de marché plus sain et plus stable à long terme.

4. Atténuation des Risques et Couverture

La vente à découvert sert également d'outil d'atténuation des risques. Les investisseurs se livrent à la vente à découvert pour couvrir leurs portefeuilles contre des pertes potentielles lors de retournements de marché. Cette utilisation stratégique de la vente à découvert peut contribuer à la stabilité globale du marché en offrant aux investisseurs un moyen de se protéger contre des conditions de marché défavorables.

5. Sauvegardes Réglementaires

Les cadres réglementaires jouent un rôle crucial pour garantir que les activités de vente à découvert ne compromettent pas la stabilité du marché. Des réglementations strictes et des mécanismes de surveillance sont en place pour prévenir la manipulation du marché et la spéculation excessive. Ces sauvegardes visent à maintenir un marché équitable et ordonné tout en permettant aux aspects bénéfiques de la vente à découvert de prospérer.

6. Sensibilisation des Participants au Marché

Améliorer la sensibilisation et la compréhension parmi les participants au marché sur le rôle de la vente à découvert peut contribuer à un monde financier plus stable. L'éducation donne aux investisseurs les moyens de prendre des décisions éclairées, réduisant le potentiel de réactions paniquées du marché.

Explorer comment la vente à découvert influence la stabilité du marché révèle une relation complexe. Bien qu'elle puisse introduire une volatilité à court terme, son rôle dans la prévention des bulles de marché, la facilitation de la découverte efficace des prix et la fourniture d'outils d'atténuation des risques contribuent à un environnement financier plus stable et résilient. Reconnaître ces dynamiques est crucial pour les décideurs politiques, les investisseurs et le public afin de former une vue complète de l'impact de la vente à découvert sur la stabilité des marchés.

Rôle dans le Fonctionnement Efficace du Marché

La vente à découvert, souvent perçue sous un angle critique, joue un rôle pivotant et constructif dans le maintien de l'efficacité du marché. Elle sert de mécanisme permettant aux investisseurs d'exprimer des opinions baissières sur des actifs, contribuant à l'équilibre global des marchés financiers. Comprendre le rôle multifacette de la vente à découvert est essentiel pour apprécier son impact sur la dynamique et l'efficacité du marché.

1. Mécanisme de Découverte des Prix

La vente à découvert agit comme un élément vital dans le mécanisme de découverte des prix. En permettant aux investisseurs de parier contre le marché, la vente à découvert fournit un contrepoids au sentiment optimiste. Les mouvements de prix qui en résultent reflètent une vision plus nuancée et équilibrée de la valeur réelle des actifs, contribuant à une tarification du marché efficace.

2. Allocation Efficace du Capital

La vente à découvert facilite l'allocation efficace du capital en permettant aux investisseurs de rediriger des ressources loin d'actifs surévalués. Ce processus garantit que le capital afflue vers des opportunités présentant des fondamentaux plus solides, s'alignant avec les réalités du marché. En substance, la vente à découvert aide à prévenir les bulles d'actifs et favorise une allocation plus rationnelle des ressources.

3. Atténuation des Risques et Diversification des Portefeuilles

Les investisseurs qui se livrent à la vente à découvert atténuent efficacement les risques et diversifient leurs portefeuilles. Les positions courtes agissent comme une couverture contre les retournements de marché, offrant une protection lorsque les investissements traditionnels longs peuvent rencontrer des défis. Cet aspect d'atténuation des risques contribue à un écosystème financier plus sain et plus résilient.

4. Liquidité Améliorée

La vente à découvert améliore la liquidité du marché en introduisant davantage d'activité de trading. La possibilité d'acheter et de vendre des titres, que ce soit par le biais de positions longues traditionnelles ou de positions courtes, favorise un marché plus dynamique. Une liquidité accrue offre aux investisseurs une meilleure exécution de leurs transactions et contribue au fonctionnement global fluide des marchés financiers.

5. Dissuasion de la Manipulation du Marché

La vente à découvert agit comme un moyen de dissuasion contre la manipulation du marché. La possibilité de parier contre la performance d'un actif introduit une force contraire aux activités spéculatives qui pourraient artificiellement gonfler les prix. Cette dissuasion de la manipulation favorise le jeu équitable et l'intégrité au sein des marchés financiers.

6. Correction des Surévaluations

Dans les cas où les actifs sont surévalués, la vente à découvert agit comme une force corrective. En pariant contre des actions ou d'autres titres surévalués, les vendeurs à découvert peuvent contribuer à une correction, ramenant les prix plus en phase avec les fondamentaux sous-jacents. Cette correction est cruciale pour éviter les bulles de marché et les crashs subséquents.

7. Efficacité du Marché Grâce à son Contenu Informationnel

La vente à découvert ajoute du contenu informationnel aux marchés. Les investisseurs prenant des positions courtes effectuent souvent des recherches et des analyses approfondies pour identifier les faiblesses des entreprises ou des marchés. Les informations obtenues grâce à cette due diligence contribuent à l'efficacité globale du marché.

8. Encouragement à la Gouvernance d'Entreprise

La présence de la vente à découvert peut inciter les entreprises à maintenir de solides pratiques de gouvernance d'entreprise. Sachant que leurs performances sont soumises à un examen à la fois des investisseurs à long terme et à ceux à court terme, les entreprises sont encouragées à maintenir la transparence, la responsabilité et des pratiques de gestion efficaces.

9. Réponses de Marché Adaptatives

La vente à découvert permet aux marchés de s'adapter rapidement aux conditions économiques changeantes ou aux événements imprévus. Si des informations négatives émergent, les vendeurs à découvert peuvent réagir en prenant des positions reflétant une perspective pessimiste, influençant les prix pour les aligner sur les nouvelles informations. Cette adaptabilité contribue à la résilience des marchés financiers.

10. Facilite les Stratégies d'Investissement Dynamiques

Les investisseurs utilisant des stratégies de vente à découvert peuvent adopter des approches d'investissement dynamiques et proactives. La possibilité de tirer profit de la baisse des prix des actifs offre une boîte à outils plus polyvalente aux investisseurs, favorisant l'innovation dans les stratégies d'investissement et contribuant à l'évolution des marchés financiers.

La vente à découvert, lorsqu'elle est réalisée de manière responsable dans les limites des cadres réglementaires, joue un rôle intégral dans le fonctionnement efficace des marchés financiers. Ses contributions à la découverte des prix, à la gestion des risques, à la liquidité et à l'intégrité du marché façonnent collectivement un marché plus résilient et adaptatif. Reconnaître les aspects constructifs de la vente à découvert offre une perspective plus nuancée de son rôle dans le maintien d'un écosystème financier sain et efficace.

PARTIE 11

IDÉES REÇUES

Vente à découvert vs. Manipulation du marché

Une idée reçue commune entourant la vente à découvert est la confusion entre la vente à découvert légitime et la manipulation du marché. La vente à découvert est une stratégie financière bien établie où les investisseurs profitent des baisses de prix anticipées. Cependant, certains critiques soutiennent que la vente à découvert peut contribuer à la manipulation du marché, créant une perception négative de cette pratique.

Pour dissiper cette idée reçue, il est essentiel de faire la distinction entre les deux. La manipulation du marché implique d'inflater ou de dégonfler intentionnellement le prix d'un titre, créant une fausse apparence d'activité sur le marché. La vente à découvert légitime, quant à elle, est ancrée dans la recherche et l'analyse, motivée par la conviction de l'investisseur quant à la surévaluation d'un actif.

La Vente à Découvert et la Santé Économique

Une autre idée fausse répandue concerne la croyance selon laquelle la vente à découvert a un impact négatif sur la santé économique. Les détracteurs soutiennent que, en pariant contre les entreprises, les vendeurs à découvert sapent la confiance et contribuent potentiellement aux ralentissements économiques. Cependant, une perspective plus nuancée révèle que la vente à découvert joue un rôle essentiel dans l'efficacité du marché.

La vente à découvert offre un mécanisme permettant aux investisseurs d'exprimer des opinions pessimistes sur des actifs. Ce processus, lorsqu'il est réalisé de manière responsable, peut contribuer à la correction des actions surévaluées, favorisant une réflexion plus saine et plus précise des conditions du marché. Plutôt que d'être préjudiciable, la vente à découvert peut améliorer la transparence du marché et prévenir la formation de bulles d'actifs.

En dissipant ces idées reçues, les investisseurs et le grand public peuvent acquérir une compréhension plus équilibrée du rôle de la vente à découvert dans l'écosystème financier. Il est crucial de reconnaître que, comme toute stratégie d'investissement, la vente à découvert nécessite une exécution responsable et informée pour atténuer les risques potentiels et contribuer positivement à la dynamique du marché.

PARTIE 12

TENDANCES ACTUELLES ET PERSPECTIVES FUTURES

La vente à découvert dans les marchés financiers modernes

Le monde de la vente à découvert a subi des transformations significatives en parallèle avec l'évolution des marchés financiers modernes. L'examen des tendances contemporaines éclaire non seulement les subtilités de cette pratique ancienne, mais révèle également l'impact profond de la technologie et des dynamiques changeantes du marché sur les stratégies de vente à découvert.

1. Plates-formes de trading électroniques

L'avènement des plates-formes de trading électroniques a révolutionné la vente à découvert. Les traders peuvent désormais exécuter rapidement et efficacement des ordres de vente à découvert, en tirant parti d'algorithmes avancés pour une minuterie précise. Ce passage des processus manuels traditionnels aux plates-formes électroniques a amélioré la rapidité et l'accessibilité des activités de vente à découvert.

2. Trading algorithmique et haute fréquence

Le trading algorithmique et haute fréquence sont devenus des éléments intégraux des stratégies modernes de vente à découvert. Des algorithmes complexes analysent d'énormes ensembles de données, identifiant les opportunités potentielles de vente à découvert en temps réel. Les traders à haute fréquence effectuent de nombreuses transactions à découvert en une fraction de seconde, capitalisant sur les inefficacités du marché et les opportunités fugaces.

3. Analyse de données volumineuses

L'analyse de données volumineuses joue un rôle crucial dans les pratiques contemporaines de vente à découvert. Les traders exploitent la puissance d'énormes ensembles de données pour découvrir des modèles, des corrélations et des signaux pouvant indiquer des mouvements potentiels du marché. Cette approche basée sur les données améliore la précision des stratégies de vente à découvert, permettant une prise de décision plus éclairée.

4. Apprentissage automatique et intelligence artificielle

L'apprentissage automatique et l'intelligence artificielle sont devenus des outils indispensables pour les vendeurs à découvert. Ces technologies peuvent analyser d'énormes quantités de données historiques, apprendre des modèles et adapter les stratégies en fonction de l'évolution des conditions du marché. Les algorithmes d'apprentissage automatique améliorent les capacités prédictives des modèles de vente à découvert.

5. Informations sur le marché en temps réel

La disponibilité des informations sur le marché en temps réel a transformé la manière dont opèrent les vendeurs à découvert. Les traders peuvent accéder à des données actualisées sur les prix des actifs, les tendances du marché et les actualités, permettant des ajustements opportuns des positions à découvert. L'information en temps réel contribue à l'agilité et à la réactivité dans l'exécution des stratégies de vente à découvert.

6. Médias sociaux et analyse de sentiment

Les vendeurs à découvert intègrent désormais les médias sociaux et l'analyse de sentiment dans leurs stratégies. La surveillance des conversations en ligne et du sentiment entourant un actif particulier fournit des informations supplémentaires. Les traders peuvent évaluer la perception du public et intégrer l'analyse de sentiment dans leur processus de prise de décision, ajoutant une dimension qualitative à la vente à découvert.

7. Changements réglementaires et déclaration

La vente à découvert moderne est soumise à des cadres réglementaires en évolution. Les modifications des réglementations, telles que le renforcement des obligations de déclaration, visent à promouvoir la transparence et à atténuer les risques potentiels associés à la vente à découvert. Les traders doivent naviguer dans ces mondes réglementaires pour assurer la conformité et une conduite éthique.

8. Vente à découvert de cryptomonnaies

L'essor des cryptomonnaies a introduit une nouvelle dimension à la vente à découvert. Les traders peuvent désormais s'engager dans des activités de vente à découvert sur les marchés de cryptomonnaies, pariant sur la baisse des prix des actifs numériques. Les plateformes d'échange de cryptomonnaies facilitent ces transactions, créant des opportunités et des défis uniques pour les vendeurs à découvert.

9. Interconnexion mondiale

Les marchés financiers modernes présentent un degré plus élevé d'interconnexion mondiale. Les vendeurs à découvert doivent tenir compte de l'impact des événements internationaux, des indicateurs économiques et des développements géopolitiques sur leurs positions. La nature interconnectée des marchés exige une approche plus holistique des stratégies de vente à découvert.

10. Facteurs environnementaux, sociaux et de gouvernance (ESG)

Les stratégies de vente à découvert contemporaines intègrent de plus en plus les facteurs environnementaux, sociaux et de gouvernance (ESG). Les investisseurs évaluent la durabilité et les pratiques éthiques des entreprises avant de s'engager dans des activités de vente à découvert. Les considérations ESG sont devenues essentielles pour évaluer la viabilité à long terme des positions à découvert.

La vente à découvert dans les marchés financiers modernes est une pratique dynamique et influencée par la technologie. L'intégration de plates-formes électroniques, du trading algorithmique, de l'analyse de données volumineuses et des technologies émergentes a remodelé le monde. Les traders naviguant dans ce terrain en évolution doivent intelligemment tirer parti des avancées technologiques tout en tenant compte des implications éthiques et des subtilités réglementaires qui régissent les stratégies contemporaines de vente à découvert.

Stratégies et technologies en constante évolution

Le monde en constante évolution des marchés financiers subit un changement transformateur impulsé par l'avènement de nouvelles technologies. Alors que nous nous trouvons à la croisée de l'innovation et de la finance, l'évolution des stratégies de vente à découvert est profondément influencée par des technologies de pointe, offrant un aperçu du futur des marchés financiers.

1. Modèles de trading quantitatifs

L'essor des modèles de trading quantitatifs est à l'avant-garde de l'évolution des stratégies de vente à découvert. Ces modèles utilisent des techniques mathématiques et statistiques pour identifier des tendances et exécuter des transactions avec précision. À mesure que la puissance informatique continue de progresser, les stratégies quantitatives de vente à découvert gagnent en sophistication et en précision.

2. Blockchain et contrats intelligents

La technologie blockchain, synonyme de cryptomonnaies, fait des incursions dans la vente à découvert. La transparence et l'immutabilité inhérentes à la blockchain offrent de nouvelles possibilités pour créer des contrats intelligents liés aux positions à découvert. Cette technologie peut rationaliser les processus, réduire les risques de contrepartie et améliorer l'efficacité des transactions de vente à découvert.

3. Finance décentralisée (DeFi)

L'émergence des plateformes de finance décentralisée (DeFi) introduit des voies alternatives pour la vente à découvert. Les protocoles DeFi exploitent les technologies de la blockchain et des contrats intelligents pour créer des plateformes de prêt et d'emprunt décentralisées. Les activités de vente à découvert peuvent se dérouler dans un environnement décentralisé et sans autorisation, remettant en question les intermédiaires financiers traditionnels.

4. Analyses prédictives et outils de prévision avancés

Les analyses prédictives et les outils de prévision avancés deviennent indispensables aux stratégies de vente à découvert. Les traders utilisent des algorithmes d'apprentissage automatique pour analyser d'énormes ensembles de données, identifier des tendances et faire des prédictions sur les mouvements futurs du marché. Cette approche basée sur les données améliore la prise de décision dans les activités de vente à découvert.

5. Automatisation des processus robotiques (RPA)

L'automatisation des processus robotiques (RPA) rationalise les processus opérationnels de la vente à découvert. Des tâches répétitives telles que la saisie de données et l'exécution de transactions peuvent être automatisées grâce à la RPA, libérant des ressources humaines pour une prise de décision plus stratégique. Cette technologie contribue à l'efficacité opérationnelle et réduit la marge d'erreur humaine.

6. Solutions Regtech

Les solutions technologiques réglementaires (Regtech) aident les vendeurs à découvert à naviguer dans le paysage réglementaire en constante évolution. Les vérifications de conformité automatisées, la surveillance en temps réel et les capacités améliorées de déclaration sont facilitées par les outils Regtech. Ces solutions veillent à ce que les activités de vente à découvert soient conformes aux exigences réglementaires en constante évolution.

7. Réalité augmentée (AR) dans la recherche

La réalité augmentée (AR) influence la phase de recherche de la vente à découvert. Les analystes peuvent utiliser la RA pour visualiser des données financières complexes, des tendances du marché et des indicateurs macroéconomiques. Cette technologie immersive améliore la profondeur de l'analyse, offrant une compréhension plus complète des facteurs influençant les décisions de vente à découvert.

8. Plateformes d'intelligence collective

Les plateformes d'intelligence collective gagnent en importance dans la recherche sur la vente à découvert. Les traders peuvent exploiter les idées collectives d'un groupe diversifié de contributeurs pour informer leurs stratégies de vente à découvert. Ces plateformes tirent parti de la sagesse de la foule, découvrant potentiellement des perspectives et des informations de marché non conventionnelles.

9. Mesures de cybersécurité

La dépendance croissante à la technologie nécessite des mesures de cybersécurité robustes dans les activités de vente à découvert. Les traders et les plateformes doivent protéger les données sensibles, prévenir l'accès non autorisé et assurer l'intégrité des transactions. La cybersécurité devient un élément critique pour maintenir la confiance et la sécurité au sein de l'écosystème de la vente à découvert.

10. Outils d'évaluation de l'impact environnemental et social

Les vendeurs à découvert incorporent des outils d'évaluation de l'impact environnemental et social des entreprises ciblées. À mesure que les considérations environnementales, sociales et de gouvernance (ESG) deviennent plus importantes, ces outils aident à évaluer la durabilité et les pratiques éthiques des positions à découvert potentielles, s'alignant sur les attentes changeantes du marché.

La convergence des stratégies et des technologies en évolution remodèle le paysage de la vente à découvert. Des modèles quantitatifs avancés aux innovations de la blockchain et à la finance décentralisée, ces développements signifient un avenir où la technologie joue un rôle central dans la formation des stratégies de vente à découvert. Alors que nous embrassons cette ère de transformation, l'adaptabilité et une perspective tournée vers l'avenir deviennent primordiales pour ceux qui naviguent dans l'intersection toujours changeante de la finance et de la technologie.

PARTIE 13

EN CONCLUSION

Récapitulatif de la Vente à Découvert et de ses Risques

Pour conclure notre exploration de la vente à découvert, il est crucial de reconnaître cette stratégie d'investissement comme une approche nuancée et sophistiquée des marchés financiers. La vente à découvert, pratique consistant à parier contre la trajectoire ascendante d'un actif, offre des opportunités uniques mais n'est pas sans ses défis. En récapitulant, il devient évident qu'une compréhension complète des risques associés est primordiale pour toute personne envisageant ou pratiquant la vente à découvert.

La vente à découvert introduit un contrepoids à la stratégie d'investissement traditionnelle "long", permettant aux investisseurs de tirer profit des baisses de prix. Cependant, les risques sont inhérents et complexes. Des dynamiques de marché et du potentiel de pertes illimitées aux incertitudes réglementaires et aux risques liés au timing, les vendeurs à découvert évoluent dans un paysage où les défis et les complexités exigent une approche méticuleuse.

Importance des Décisions d'Investissement Éclairées

Le voyage dans la vente à découvert est un voyage dans l'inconnu, et il incombe aux investisseurs de naviguer avec le plus grand soin dans ce terrain. La prise de décision éclairée émerge comme le principe directeur, soulignant la nécessité d'équilibrer les récompenses potentielles avec les complexités des risques associés. Cet équilibre exige un engagement envers une recherche approfondie, une prise de conscience du marché et une capacité d'adaptation face à des conditions en évolution.

À mesure que les investisseurs se plongent dans la vente à découvert, l'importance de rester informé des changements réglementaires ne peut être surestimée. La conformité avec les cadres réglementaires, qu'ils soient établis par la Securities and Exchange Commission (SEC) ou d'autres organismes de réglementation mondiaux, n'est pas seulement une obligation légale, mais aussi une protection contre les écueils potentiels.

En conclusion, la vente à découvert, lorsqu'elle est abordée avec diligence et une perspective bien informée, peut être un outil précieux dans la boîte à outils d'un investisseur. Cependant, le chemin est parsemé de défis qui exigent du respect et de l'acuité stratégique. Les risques associés à la vente à découvert ne sont pas des obstacles, mais plutôt des repères de navigation guidant les investisseurs vers une compréhension plus nuancée des marchés financiers.

Alors que nous embrassons les complexités et les opportunités de la vente à découvert, l'appel à l'action est clair : privilégiez une prise de décision éclairée, cultivez la résilience face aux revers et restez adaptable au paysage financier en constante évolution. À travers ces principes, les investisseurs peuvent se lancer dans le voyage de la vente à découvert avec une confiance mesurée, prêts à naviguer dans les complexités et à contribuer à la toile dynamique et vibrante du monde financier.

À PROPOS DE L'AUTEUR

Damien Soitout est un homme d'affaires, investisseur et philanthrope français. Il est le propriétaire du groupe CPF basé aux États-Unis, en France et au Mexique, avec une expérience, une expertise et un succès dans neuf secteurs d'activité.

Il a collaboré avec certaines des plus grandes entreprises mondiales et a soutenu des milliers d'entrepreneurs et de rêveurs dans la réalisation de leurs objectifs professionnels et personnels grâce à des programmes personnalisés, des consultations et du contenu en ligne gratuit.

L'une de ses missions est d'ouvrir l'esprit des personnes ayant des objectifs ambitieux afin d'organiser leurs projets de manière à ne pas risquer de payer la dumb tax.

www.ingramcontent.com/pod-product-compliance
Lightning Source LLC
Chambersburg PA
CBHW070847310526
45796CB00014B/220